U0888393

目录
Contents

报告摘要：

2016年进口车供需双降，创造新供给将成为未来发展主要方向

2016年前三季度，受政策累积效应显现、房地产市场升温、能源原材料行业回暖等因素影响，中国经济运行总体比较稳定，前三季度GDP增长6.7%。

主要在购置税优惠政策的推动下，汽车市场总体保持较快增长，产销增幅同比明显提高。据中国汽车工业协会数据显示，2016年1-9月汽车产销分别完成1942.2万辆和1936.0万辆，同比增长13.3%和13.2%。其中，乘用车产销1681.8万辆和1675.2万辆，同比增长14.7%和14.8%；商用车产销260.4万辆和260.8万辆，同比增长4.8%和4.0%。

进口车市场在“国产化”持续推进的大背景下，主要呈现供需双降、库存压力犹存、价格优惠幅度大等特征。据中国进口汽车数据库数据[1]显示，2016年前三季度汽车进口74.8万辆，同比下滑6.6%；经销商交付客户进口车（AAK）[2]销量为65.2万辆，同比下滑3.8%。较2015年全年分别下滑24.2%和20.6%，降幅减小17.6个百分点和16.8个百分点。

通过对2016年前三季度相关数据分析，中国进口汽车市场主要呈现出以下十个方面的特征：

✧ 进口量持续调整，主力品牌进口恢复

自2015年一季度以来，高库存压力迫使供给面持续调整。数据显示，截至2016年三季度，进口量已经连续七个季度下滑与调整。依据2012年至2013年间的历史情况，去库存持续了三个季度。本轮库存深度创下历史峰值，去库存周期比上一轮增加了一倍以上。2016年1-9月中国累计进口汽车74.8万辆，同比下滑6.6%，但相比2015

[1] 中国进口汽车数据库数据以下简称数据库。
[2] AAK数据来源于中国进口汽车信息联席会，占进口汽车品牌经销商正常进口市场份额的90%左右。

年全年 24.2%的下滑，降幅收窄了 17.6 个百分点；其中，进口量排名前十的品牌，进口量累计同比增长 7.0%。

✧ 终端销量降幅收窄，呈现止跌回升趋势

2016 年前三季度，主要在购置税优惠、国五排放标准实施等政策推动下，以及受进口车型国产化、经济下行压力等不利因素影响，进口汽车市场需求继续下滑，但降幅有所收窄。数据显示，2016 年 1-9 月经销商交付客户进口车 65.2 万辆，同比下滑 3.8%，相比 2015 年全年下滑 20.6%，降幅收窄 16.8 个百分点。得益于购置税优惠的推动以及去年同期低基数的影响，从 2016 年 7 月开始，经销商交付客户进口车数量出现连续三个月的同比增长，2016 年三季度累计同比增长 8.1%。

✧ 行业库存压力犹存，经销商库存相对减小

基于持续七个季度供给面调整，2016 年 9 月行业库存[厂商（含平行进口商）库存+经销商库存]深度仍达 3.8 个月，虽然行业库存深度持续处于高位，但相比去年同期有较大幅度的下降；进口经销商库存压力相对较小，厂商（含平行进口商）库存压力依然很大。

✧ 成交价格优惠幅度加大，新产品溢价情况鲜有

虽然进口量及终端销量降幅收窄，但进口汽车行业库存仍处高位，进口车市场终端成交价格优惠幅度不断加大，2016 年 9 月市场整体平均优惠 9.1 万元，优惠幅度达 13.3%，环比基本持平，但和一季度整体 11.6%的优惠幅度相比加大 1.7 个百分点。

✧ 第一阵营格局相对稳定，第二集团竞争激烈

在进口量排名前十的品牌中，除了受国产化影响的路虎品牌和库存深度调整的大众品牌，其余八个品牌均实现正增长。其中，雷克萨斯、斯巴鲁、林肯品牌增长超过 30%。终端销售层面，宝马、奔驰、雷克萨斯稳居前三，第二集团竞争激烈，大众、奥迪、保

时捷等品牌排名有所提升。

✧ SUV 份额出现下降，车型分级情况略有变化

从车型结构看，SUV 在三大车型结构中的占比下降，2016 年 1-9 月 SUV 进口总量降幅为 12.5%；从车型分级看，随着乘用车企业平均油耗标准日趋严格，在小排量新产品的推动下，B 级、C 级份额均超过 A 级，分别达 27.6%和 32.7%。

✧ 3.0L 以下排量占比下降，其中 1.5-2.0L 份额增长

1.5-2.0L 排量区间以 41.8%的份额保持第一大排量区间，在 2015 年全年 37.5%的基础上继续提升。因大排量汽车平行进口[3]辆加大，3.0L 以下排量份额相较 2015 年全年的 93.1%下降 1.4 个百分点，至 91.7%；其中 1.5-2.0L 排量区间不断挤压 2.0-2.5L 区间的份额，以 41.8%的份额保持第一，在 2015 年全年 37.5%的基础上继续提升。

✧ 传统三大港份额超九成，其余十六个口岸角逐一成市场

在“8.12”之后，上海港以 35.2%的份额保持第一大港地位，但相比 2015 年全年 38.3%的份额有所回落；天津港份额为 31.2%，较 2015 年全年略有下滑；黄埔港份额为 26.8%，增长 2.4 个百分点。

✧ 平行进口持续增长，份额超一成

2016 年 1-9 月汽车平行进口 8.54 万辆，同比增长 5.1%；占进口汽车市场份额 11.4%，较 2015 年全年市场份额 10.5%，继续增长 0.9 个百分点。

✧ 进口新能源车积极引进，PHEV[4]车型初探市场

在新能源汽车市场开拓初期，虽受进口新能源汽车政策受惠有限、产品品种少等因

---

[3]平行进口汽车指非品牌授权进口（含试点企业平行进口），目前约占进口市场份额的 10%左右。
[4]PHEV 插电混合动力（含增程式）汽车。

素影响，但进口产品引入积极，规模占进口汽车总量的 1.3%；2016 年，PHEV 汽车引入力度加大，占新能源汽车进口量的 40%

国产汽车市场主要呈现出以下四个方面的特征：

✧ 汽车市场总体保持较快增长，产销大幅提高

据中国汽车工业协会数据显示，2016 年前三季度，汽车产销分别完成 1942.2 万辆和 1936.0 万辆，同比增长 13.3%和 13.2%，增幅分别比去年同期提升 14.1 个百分点和 12.9 个百分点。

其中，乘用车产销 1681.8 万辆和 1675.2 万辆，同比增长 14.7%和 14.8%。轿车产销 846.3 万辆和 844.1 万辆，同比增长 3.1%和 2.7%，增幅同比略有收窄；SUV 产销 607.8 万辆和 599.9 万辆，同比增长 46.0%和 45.9%；MPV 产销 173.5 万辆和 174.9 万辆，同比增长 18.5%和 22.9%；交叉型乘用车产销 54.2 万辆和 56.3 万辆，同比下降 34.5%和 33.5%。商用车产销 260.4 万辆和 260.8 万辆，同比增长 4.8%和 4.0%。

✧ 厂家库存下降明显，渠道库存压力有所缓解

从库存数量来看，除了 3-4 月增库存外，其他月份厂家调整明显，渠道库存压力略有缓解。从库存深度来看，2016 年 9 月，厂商库存达到 0.42 个月销量，处于历年同期较低水平；经销商库存 1.33 个月；厂商库存合计 1.73 个月，在历年总体库存中处于正常水平。

✧ 终端成交价格走势平稳，优惠幅度与去年同期持平

2016 年前三季度，国产狭义乘用车市场的终端成交价格走势相对平稳。2016 年 9 月，优惠幅度 14.1%，与去年同期持平，相比 2015 年 12 月 15.4%的优惠幅度，收紧 1.3 个百分点。

✧ 新能源汽车高速增长，PHEV 增幅相对趋缓

2016 年 1-9 月，新能源汽车生产 30.2 万辆，销售 28.9 万辆，比去年同期分别增长 93.0%和 100.6%。其中纯电动汽车产销分别完成 22.9 万辆和 21.6 万辆，比去年同期分别增长 118.1%和 128.4%；插电式混合动力汽车产销均完成 7.3 万辆，比去年同期分别增长 41.7%和 47.2%。

展望 2016-2017 年，我们对中国进口汽车市场的发展环境分析如下：

宏观经济面：预计 2016 年四季度，全球经济维持疲软，潜在风险包括金融市场、政经事件及美联储加息可能。国内出口继续回暖，财政政策持续发力，基建投资、新兴产业等领域得到支持，消费、服务业平稳增长，经济短期趋于稳定，预计全年 GDP 增长 6.7%左右;2017 年经济增长态势主要取决于宏观政策走向,预计 GDP 增速在 6.6%左右。

市场政策面：国务院召开常务会议要求打破汽车销售品牌授权单一模式，扩大汽车平行进口试点省市范围。“汽车销售管理办法”、“关于汽车业的反垄断指南”等将对汽车市场现有格局产生影响；工信部等 5 部委发布《关于 2015 年度中国乘用车企业平均燃料消耗量核算情况的公告》，27 家进口乘用车企业中 1/3 未达标，随着第四阶段燃料消耗量标准的实施，企业油耗达标压力将进一步加大；汽车税收政策或将调整。

国产汽车市场：中国汽车市场已进入中低速增长、竞争不断加剧的新常态。预计 2017 年中国汽车市场仍将恢复到个位数增长。面对购置税优惠政策是否延续的不确定性，狭义乘用车市场增速将大幅放缓。

新产品供给：据不完全统计，2016 年四季度至 2017 年全年将有 54 款进口新车投放中国市场，其中“量销”新车型有限，新产品主要以市场补充为主。

基于以上分析，2016 年进口车市场主要受去库存和国产化的影响，呈现供需双降局面，预计全年销售 110 万辆，同比下滑 3%。展望 2017 年，面对购置税优惠政策是否延续的不确定性，预计全年销售 109 万辆左右，与 2016 年基本持平或小幅下滑。

展望“十三五”期间，市场供给仍将成为决定因素。随着量销车型的国产化，进口车供给将大幅减少，市场规模逐步下降并趋于稳定，预计 2020 年进口车市场规模在 90 万辆左右。车型消费升级、个性化需求和新能源汽车将成为未来进口汽车市场的主要发力点。随着汽车平行进口合规化相关政策的实施，平行进口车成本提升，价格优势弱化。预计平行进口车与正常进口车之间的价差将逐步缩小，新、奇、特逐步成为未来产品的主要特征，市场份额回落至一成以内。

一、2016 年 1-9 月中国进口汽车市场发展环境

（一）经济环境：2016 年前三季度，全球金融市场面临一定压力，英国脱欧公投及美国大选结果给全球经济带来短期影响。前三季度，由于政策累积效应显现、房地产市场升温、能源原材料行业回暖等因素，中国经济运行总体比较稳定，三季度 GDP 增长 6.7%

1、全球经济：2016 年前三季度，全球金融市场面临一定压力，潜在风险包括金融市场、政经事件及美联储加息可能。欧元区经济持续复苏；南美地区内外交困，非洲与中东持续低迷。

2016 年第三季度，全球金融市场面临一定压力，英国脱欧公投及美国大选结果给全球经济带来短期影响（图表 1）。三季度全球 GDP 同比增长率 2.4%，比上个季度回升 0.2 个百分点。美国大选结果预计会给全球经济带来持续的震荡，全球经济复苏力度依然疲弱，围绕美联储何时加息的预期反复变化，市场信心不稳，市场压力仍在。

图表 1　全球 GDP 增长率与全球制造业 PMI 指数

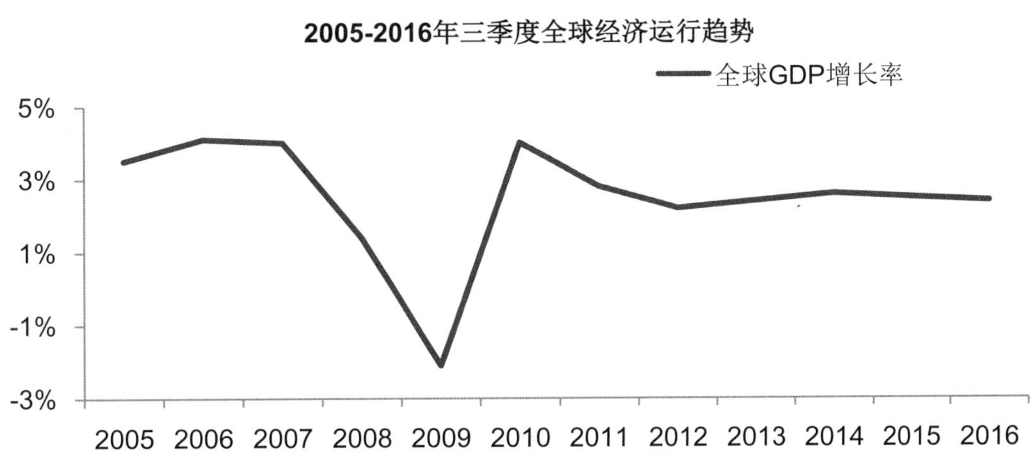

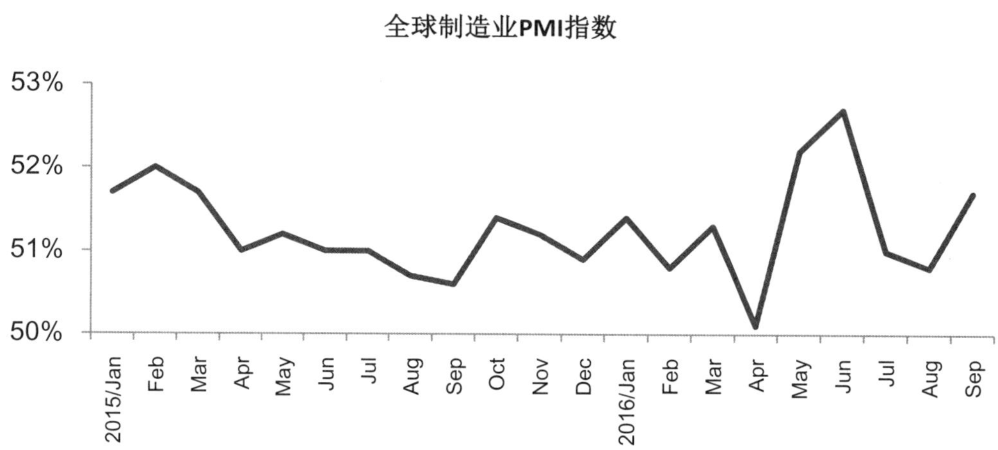

数据来源：中国银行

2、国内经济：前三季度，受政策累积效应显现、房地产市场升温、能源原材料行业回暖等因素影响，中国经济运行总体比较稳定。近期，包括投资、消费、工业生产和发电量等主要经济指标出现企稳，经济下行压力有所缓解。三季度 GDP 增长 6.7%，与上半年持平。

进入三季度，中国经济运行总体比较稳定。外部需求回暖、人民币汇率贬值以及去年的低基数，使得出口下降压力得到一定缓解。同时，在稳增长政策累积效应、房地产市场升温、能源原材料行业改善等因素的影响下，投资、消费、工业生产和发电量等主要经济指标出现企稳迹象，民间投资也改变了逐月下滑趋势；PMI、出口先导指数等先行指标也表明近期经济将继续回稳。

图表2　2012年-2016年三季度中国国内生产总值走势

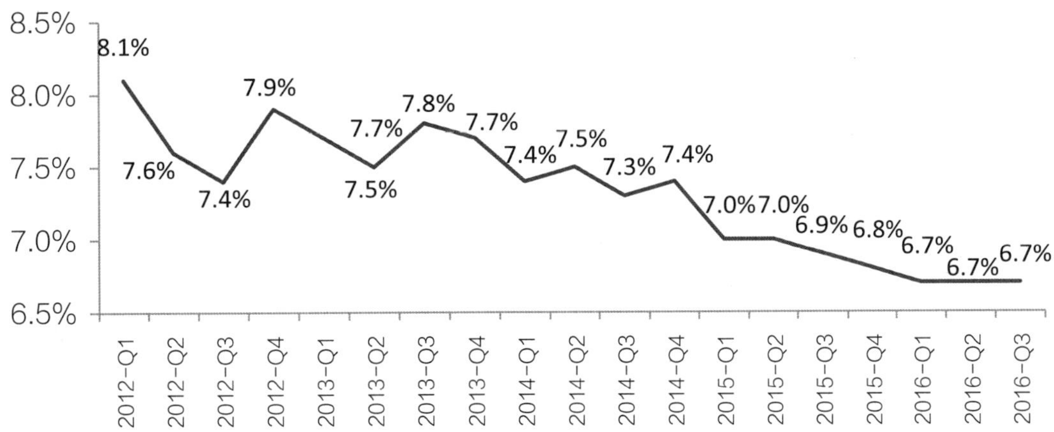

中国固定资产投资走势

中国制造业PMI走势（月度）

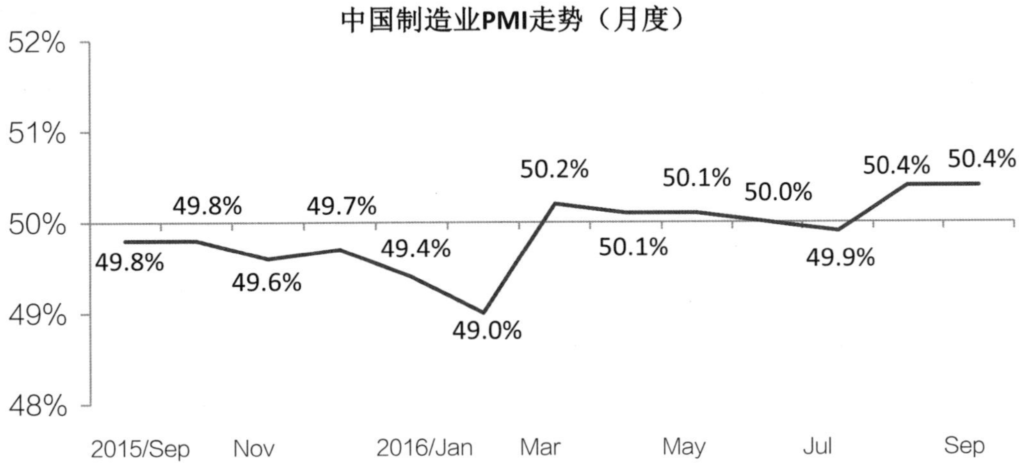

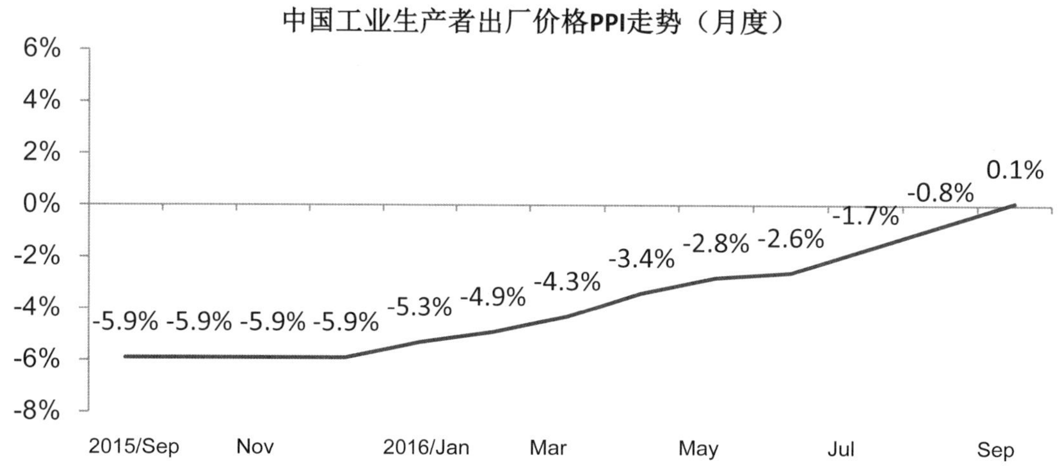

图表3　2015年-2016年9月中国经济主要指标

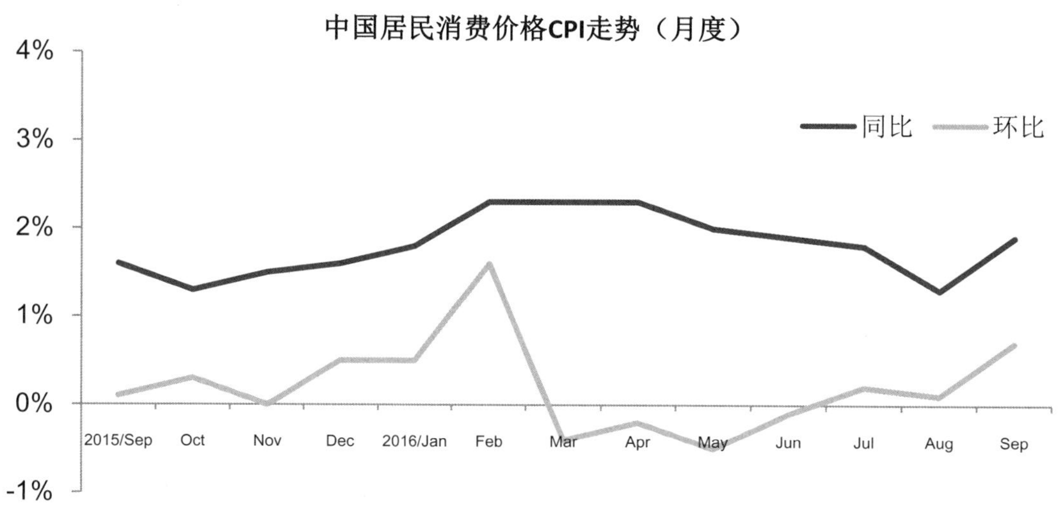

中国进出口额走势（月度）

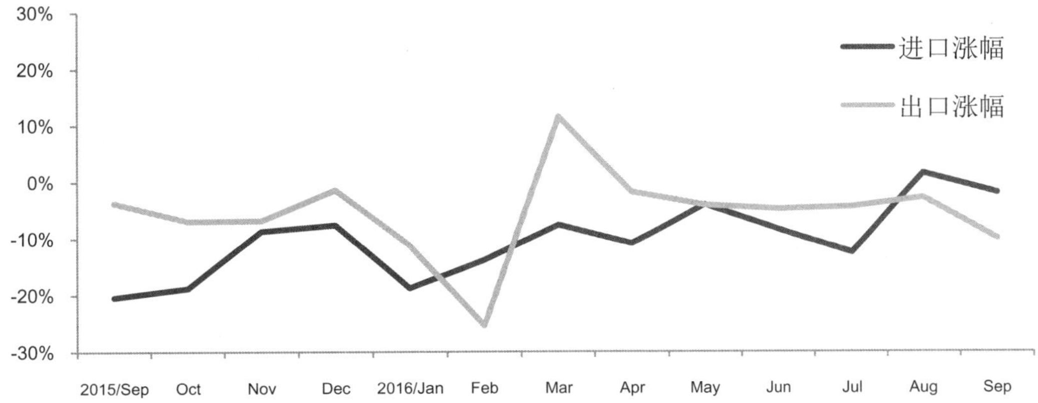

中国M2同比增幅（月度）

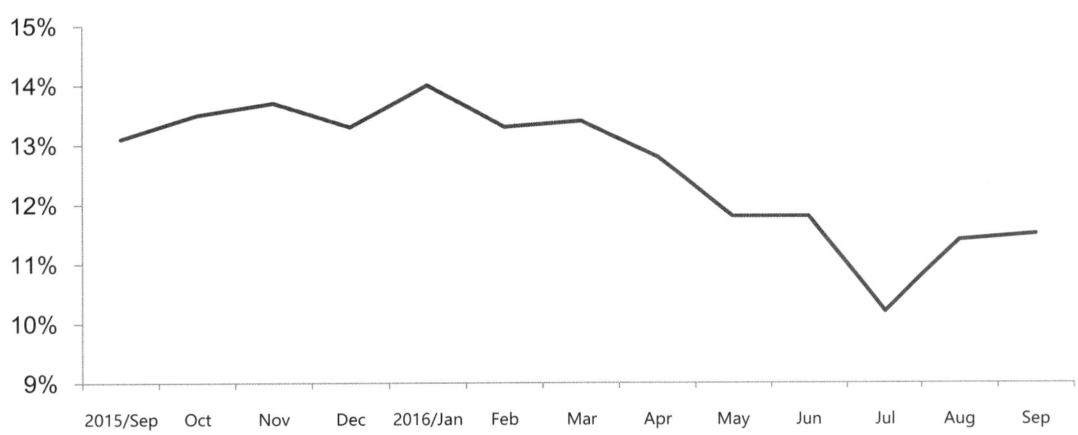

（二）政策环境：国务院最新要求促进传统消费升级，打破汽车销售品牌授权单一模式，扩大汽车平行进口试点省市范围。继续强化上半年系列新政，主要包括：认监委发布《关于自贸区平行进口汽车 CCC 认证改革试点措施的公告》，商务部等 8 部委联合发布《关于促进汽车平行进口试点的若干意见》，中国质量认证中心发布《平行进口汽车认证管理要求（试行）》，对于平行进口的发展具有重要意义，上海外高桥汽车交易市场有限公司获得第一张平行进口 CCC 认证证书；海关总署发布《关于开展汽车平行进口试点保

税仓储业务的通知》，为平行进口试点企业进一步减轻资金成本压力，促进平行进口发展。商务部等 11 部门办公厅发布《关于促进二手车便利交易 加快活跃二手车市场的通知》，从八个方面为便利二手车市场交易做了具体部署，进一步明确了各个主管部门的责任，二手车交易迎来利好；工信部对《企业平均燃料消耗量与新能源汽车积分并行管理暂行办法（征求意见稿）》公开征求意见，环保部原则通过《轻型汽车污染物排放限值及测量方法（中国第六阶段）》，计划于 2020 年开始实施，汽车制造企业技术升级压力增大；发改委发布 2015 年汽车产能情况，我国汽车产能结构性过剩问题已经显现

1、认监委发布的《关于自贸区平行进口汽车 CCC 认证改革试点措施的公告》以及商务部等 8 部委联合发布的《关于促进汽车平行进口试点的若干意见》对于鼓励平行进口具有重要意义。商务部等 8 部门《关于促进汽车平行进口试点的若干意见》（商建发［2016］50 号），提出了 7 条促进汽车平行进口的措施，基本涵盖了此前平行进口汽车试点过程中发现的主要制约因素

为落实《国务院关于加快实施自由贸易区战略的若干意见》和《国务院办公厅关于加强进口的若干意见》等文件要求，加快推进自贸区认证认可制度改革创新，国家认监委于 2015 年 12 月 28 日发布了《关于自贸区平行进口汽车 CCC 认证改革试点措施的公告》（2015 年第 38 号，以下简称《公告》）。《公告》从放宽制造商授权文件要求（将避免汽车进口贸易商须获得原厂授权文件的繁琐手续，便利进口贸易），调整认证模式（取消数量限制，将促进平行进口汽车扩大进口，帮助进口企业提升规模效益），简化工厂检查要求（将大大降低平行进口汽车的贸易成本和周期）三个方面对平行进口汽车的 CCC 认证给予便利和支持。

2016 年 2 月 22 日，商务部等 8 部门印发了《关于促进汽车平行进口试点的若干意见》（商建发[2016]50 号），从简化汽车自动进口许可证申领管理制度；深化平行进口汽车强制性产品认证改革；进一步提高汽车平行进口贸易便利化水平；积极推动平行进口汽车环保和维修信息公开；加强平行进口汽车注册登记管理服务；重点加强质量追

朔和售后服务体系建设；切实加强监管等 7 个方面提出了促进汽车平行进口的措施，基本涵盖了此前平行进口汽车试点过程中发现的主要制约因素。

图表 4 《意见》实施前后各类企业影响对比

意见内容		正常 贸易企业	平行进口 非试点企业	平行进口 试点企业
一、简化汽车自动进口许可证申领管理制度	汽车供应商授权	有	无	不需要
	进口许可证	可申领	无法申领销售证	可申领销售证
二、深化平行进口汽车强制性产品认证改革	原厂授权	有	要求提供	不需要
	数量限制	无限制	每证书每年 500 辆	无限制
	工厂检查场所	生产场所	生产（改装）场所	符合要求的自贸区内改装场所
三、进一步提高汽车平行进口贸易便利化水平	核价	统一核价	各个口岸核价	有望统一核价
	征税	落地征税	落地征税	保税 90 天
四、积极推动平行进口汽车环保和维修信息公开	环保目录	需要	需要（销量<1000 辆/年，不需耐久试验）	需要（销量<1001 辆/年，不需耐久试验）
	维修信息公开	需要	需要	需要
五、加强平行进口汽车注册登记管理服务	注册登记	无问题	问题较多（GB7258）	问题较多（GB7258）
六、重点加强质量追朔和售后服务体系建设	召回	供应商承担	供应商承担	试点企业承担
	三包	供应商承担	供应商承担	试点企业承担
	平均油耗	供应商承担	暂不监管	暂不监管
七、切实加强监管	退出机制	无	无	有

上述政策将进一步便利汽车平行进口，在相当大的程度上影响平行进口规模。

2、中国质量认证中心（CQC）发布《平行进口汽车认证管理要求（试行）》（CQC-C1101-2014），明确了平行进口汽车 CCC 认证的适用范围、认证模式，认证流程等相关要求，对于鼓励平行进口具有重要意义；2016 年 6 月 16 日，上海外高桥汽车交易市场有限公司获得第一张平行进口 CCC 认证证书

为了切实加快推进自贸区认证认可制度改革创新，落实国家认监委《关于自贸区平行进口汽车 CCC 认证改革试点措施的公告》（2015 年第 38 号）和商务部等 8 部门印发的《关于促进汽车平行进口试点的若干意见》（商建发[2016]50 号），中国质量认证中心（CQC）于 2016 年 6 月 13 日发布了《平行进口汽车认证管理要求（试行）》（CQC-C1101-2014，以下简称《要求》)。该《要求》针对经国家有关部门许可在国家指定的自由贸易区内从事进口国外汽车的经营活动的平台及企业，从放宽制造商授权文件要求（将避免汽车进口贸易商须获得原厂授权文件的繁琐手续，便利进口贸易），调整认证模式（取消数量限制，将促进平行进口汽车扩大进口，帮助进口企业提升规模效益），简化工厂检查要求（将大大降低平行进口汽车的贸易成本和周期）三个方面对平行进口汽车的 CCC 认证给予便利和支持。

2016 年 6 月 16 日，上海外高桥汽车交易市场有限公司获得首张平行进口汽车 CCC 认证证书；根据国家质检总局（AQSIQ）2004 年 52 号公告显示，该证书所对应的平行进口车辆依然为改装车；截止到 2016 年 10 月，中国质量认证中心（CQC）已经颁发平行进口 CCC 证书 10 张。

图表 5 《要求》实施前后试点企业认证流程及成本对比

<table>
<tr><th>认证要求</th><th>实施前</th><th colspan="2">实施后</th></tr>
<tr><td>OEM 授权</td><td>Yes</td><td colspan="2">No（需要 CQC 确认后）</td></tr>
<tr><td>产品名称表述</td><td>越野乘用车（宝马改装车）
Off-road Passenger car(BMW Conversion car)</td><td colspan="2">越野乘用车（平行进口）
Off-road Passenger Car(Parallel Import)</td></tr>
<tr><td rowspan="2">型式试验</td><td rowspan="2">全项目</td><td>中规车</td><td>仅对改装项目进行试验</td></tr>
<tr><td>非中规车</td><td>①国家、地区、工厂之间差异所影响的项目；②适应性改装所影响的项目</td></tr>
<tr><td>工厂检查</td><td>Yes</td><td colspan="2">仅对改装厂进行工厂检查</td></tr>
<tr><td rowspan="2">获证后监督</td><td rowspan="2">按“十抽二”进行核查</td><td>中规车</td><td>按“十抽二”进行核查</td></tr>
<tr><td>非中规车</td><td>①整改项目以及受到影响的项目逐台进行核查；②其他按“十抽二”进行核查</td></tr>
<tr><td>覆盖车辆</td><td>≤500 台/证/年</td><td colspan="2">无限制</td></tr>
<tr><td>VIN</td><td>Yes</td><td colspan="2">Yes</td></tr>
<tr><td>认证周期</td><td>6 个月</td><td colspan="2">≤3 个月</td></tr>
<tr><td>认证成本</td><td>100 万（不含样车）</td><td colspan="2">≤10 万（不含样车）</td></tr>
</table>

3、海关总署发布《关于开展汽车平行进口试点保税仓储业务的通知》，为平行进口试点企业进一步减轻资金成本压力，促进平行进口发展

为有效实施商务部等 8 部门《关于促进汽车平行进口试点的若干意见》（商建发〔2016〕50 号）的有关规定，规范汽车平行进口试点保税仓储业务管理，6 月 23 日，海关总署发布《关于开展汽车平行进口试点保税仓储业务的通知》（署加发〔2016〕119 号，以下简称《通知》）。《通知》规定平行进口汽车试点企业可以享有为期 3 个月的保

税仓储政策，此政策为平行进口试点企业进一步减轻了资金成本压力，对促进平行进口发展具有重要的推动作用。

4、商务部等 11 部门办公厅发布《关于促进二手车便利交易 加快活跃二手车市场的通知》，从税收政策、金融支持力度等方面为便利二手车市场交易做了具体部署，进一步明确了各个主管部门的责任，二手车交易迎来利好

为了进一步贯彻落实国务院办公厅印发的《关于促进二手车便利交易的若干意见》（国办发〔2016〕13 号），促进二手车便利交易、活跃二手车市场， 2016 年 6 月 18 日，商务部等 11 部门办公厅发布《关于促进二手车便利交易 加快活跃二手车市场的通知》（商建字〔2016〕8 号，以下简称《通知》）。《通知》从**促进异地交易**：不得违规增加限制二手车办理交易的条件；**优化登记程序**：符合国家在用机动车排放和安全标准，在环保定期检验有效期和年检有效期内的二手车均可办理迁入手续；**完善税收征管**：开具《二手车销售统一发票》，增值税专用发票，税务机关要加强对二手车交易的税收征管；**加强流通信息管理**：整合现有信息平台资源，加强互联互通和信息共享，并积极促进信息向社会开放，便于经营者、消费者和管理部门查询、使用；**建设信用体系**：依法采集市场主体的信用信息，逐步建立健全信用记录，及时纳入全国信用信息共享平台，促进市场主体合规经营；**提高金融服务水平**：鼓励汽车金融公司业务产品创新，支持保险公司加快开发符合二手车交易特点的专属保险产品，提高二手车交易保险服务水平；**创新流通模式**：重点引导二手车经销企业开展品牌化、连锁化经营，引导和规范二手车交易企业线上线下融合发展，鼓励发展拍卖等交易方式；**加强部门协同**：加强部门协作配合，要制定具体实施方案，需要当地人民政府出台政策措施的，要及时提出工作建议，积极推动相关工作。八个方面为便利二手车市场交易做了具体部署。同时，《通知》还明确了商务、发展改革、工业和信息化、公安、财政、环境保护、交通运输、税务、工商、银监、保监等部门的责任，具有很强的可操作性。这是今后一段时期二手车流通发展的重要指导性文件，必将对我国二手车流通乃至整个汽车流通产生深远影响。《通知》

的出台不仅可以切实促进二手车市场的繁荣，还可以为新车消费创造更大的市场空间，同时带动汽配、维修、保险等相关服务业发展。

5、工信部对《企业平均燃料消耗量与新能源汽车积分并行管理暂行办法（征求意见稿）》公开征求意见，环保部原则通过《轻型汽车污染物排放限值及测量方法（中国第六阶段）》，计划于 2020 年开始实施，汽车制造企业技术升级压力增加

工信部 2016 年 9 月 22 日起对《企业平均燃料消耗量与新能源汽车积分并行管理暂行办法（征求意见稿）》公开征求意见。对乘用车生产企业同时提出平均燃料消耗量达标与新能源汽车生产比例达标两个考核指标要求，对不达标企业进行处罚，采取暂停油耗超标车型公告，逐步增加暂停车型品种，同时纳入失信企业管理等处罚措施。《暂行办法》实施后，按照国产乘用车 2020 年平均燃料消耗量达到 5 升/百公里目标测算，预计 2016 到 2020 年间将累计节省燃油约 3546.7 万吨，减少 CO2 排放约 1.14 亿 24 吨；预计到 2020 年石油对外依存度能够降低 4.9 个百分点；2016 到 2020 年，新能源乘用车累计产量超过 500 万辆。

2016 年 10 月 18 日，环境保护部常务办公会议审议并原则通过《轻型汽车污染物排放限值及测量方法（中国第六阶段）》，计划于 2020 年开始实施。今年 1 月 18 日，环保部与工信部刚刚联合发布了《关于实施第五阶段机动车排放标准的公告》（2016 年第 4 号），要求 2018 年 1 月 1 日起，所有制造、进口、销售和注册登记的车辆须符合国五标准要求。国六实施日期与国五实施日期只间隔 2 年。

《标准》要求，自 2020 年 1 月 1 日起，所有销售和注册登记的轻型汽车应符合本标准要求，其中Ⅰ型试验应符合 6a 限值要求。自 2023 年 1 月 1 日起，所有销售和注册登记的轻型汽车应符合本标准要求，其中Ⅰ型试验应符合 6b 限值要求。

图表 6 实施第五阶段，第六阶段机动车排放标准时间表

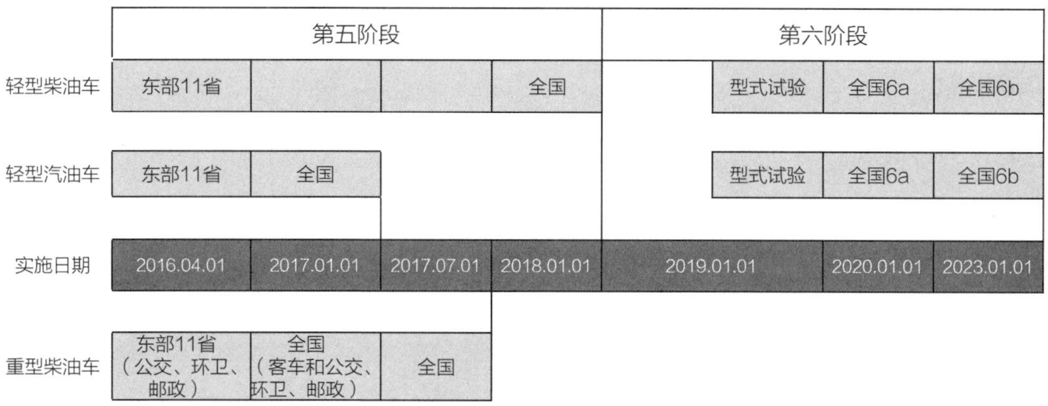

对于整车制造企业而言，由国五升级到国六。轻型汽油车排放控制技术包括改进催化转化器中的催化剂（增加贵金属用量等）、改进燃料喷射方式、改进 ECU 电控单元、改进发动机燃烧室的构造（包括吸气时的控制等）、增大炭罐容积、改进燃油系统密封性、升级 OBD 系统等，对于汽车制造企业技术升级和产品制造成本压力显而易见。

6、发改委组织中国汽车工业协会发布了 2015 年我国汽车产能情况，我国汽车产能结构性过剩问题已经显现

2015 年度汽车产量占比超过 98%的 37 家主要汽车企业（集团），2015 年末已形成汽车整车产能（注：按每日两班生产、250 个工作日统计，下同）3122 万辆，在建产能超过 600 万辆。现有产能中，乘用车产能 2575 万辆；商用车产能 547 万辆。其中，乘用车产能利用率为 81%，产能利用比较合理；商用车产能利用率为 52%，产能利用不充分。

随着我国经济发展进入新常态，汽车产能结构性过剩问题已经显现，需引起相关方面注意：一是商用车产能利用率较低，不宜盲目增加产能投资；二是动力电池领域投资热度较高，企业分散且技术和发展水平参差不齐，需防范低水平重复建设；三是企业应重点加强新技术、新产品研发和产业化投入，提高已有产能利用率，增强资源整合能力，

积极开展国际产能合作。

（三）市场环境：主要在购置税优惠政策的推动下，汽车市场总体保持较快增长，产销增幅相比上年明显提高；2016 年 1-9 月汽车产销分别完成 1942.2 万辆和 1936.0 万辆，同比增长 13.3%和 13.2%。乘用车产销 1681.8 万辆和 1675.2 万辆，同比增长 14.7%和 14.8%；商用车产销 260.4 万辆和 260.8 万辆，同比增长 4.8%和 4.0%

汽车市场总体保持较快增长，产销大幅提高。据中国汽车工业协会数据显示，2016 年前三季度，汽车产销分别完成 1942.2 万辆和 1936.0 万辆，同比增长 13.3%和 13.2%，增幅分别比去年同期提升 14.1 个百分点和 12.9 个百分点。其中，乘用车产销 1681.8 万辆和 1675.2 万辆，同比增长 14.7%和 14.8%。轿车产销 846.3 万辆和 844.1 万辆，同比增长 3.1%和 2.7%，增幅同比略有收窄；SUV 产销 607.8 万辆和 599.9 万辆，同比增长 46.0%和 45.9%；MPV 产销 173.5 万辆和 174.9 万辆，同比增长 18.5%和 22.9%；交叉型乘用车产销 54.2 万辆和 56.3 万辆，同比下降 34.5%和 33.5%。商用车产销 260.4 万辆和 260.8 万辆，同比增长 4.8%和 4.0%。

图表 7　2016 年 1-9 月中国汽车市场生产情况　单位:万辆，%

	9 月	2016 年 1-9 月累计	环比增长	同比增长	同比累计增长
汽车生产	253.1	1942.2	26.8	32.8	13.3
乘用车	223.2	1681.8	29.1	36.8	14.7
轿车	110.7	846.3	25.6	27.5	3.1
MPV	21.2	173.5	30.5	29.9	18.5
SUV	86.7	607.8	33.6	62.7	46.0
交叉型乘用车	4.6	54.2	29.8	-32.0	-34.5
商用车	29.9	260.4	11.7	9.3	4.8

数据来源：中国汽车工业协会

图表 8　2016 年 1-9 月中国汽车市场销售情况　单位:万辆，%

	9 月	2016 年 1-9 月累计	环比增长	同比增长	同比累计增长
汽车销售	258.4	1936.0	23.5	26.1	13.2
乘用车	226.8	1675.2	26.0	28.9	14.8
轿车	111.9	844.1	21.9	17.1	2.7
MPV	22.1	174.9	22.8	37.3	22.9
SUV	87.9	599.9	33.7	54.2	45.9
交叉型乘用车	4.9	56.3	8.3	-32.4	-33.5
商用车	29.6	260.8	7.3	8.1	4.0

数据来源：中国汽车工业协会

厂家库存下降明显，渠道库存压力有所缓解。从库存数量来看，2016 年前三季度，狭义乘用车累计库存整体略有下降，主要原因是对 2015 年库存短期增长较快的调整；从库存数量来看，2016 年 1-9 月厂商库存累计下滑 2 万辆左右，其中除了 3-4 月增库存外，其他月份厂家调整明显。

图表 9 狭义乘用车 15-16 年厂家和经销商库存变化量 单位:万辆

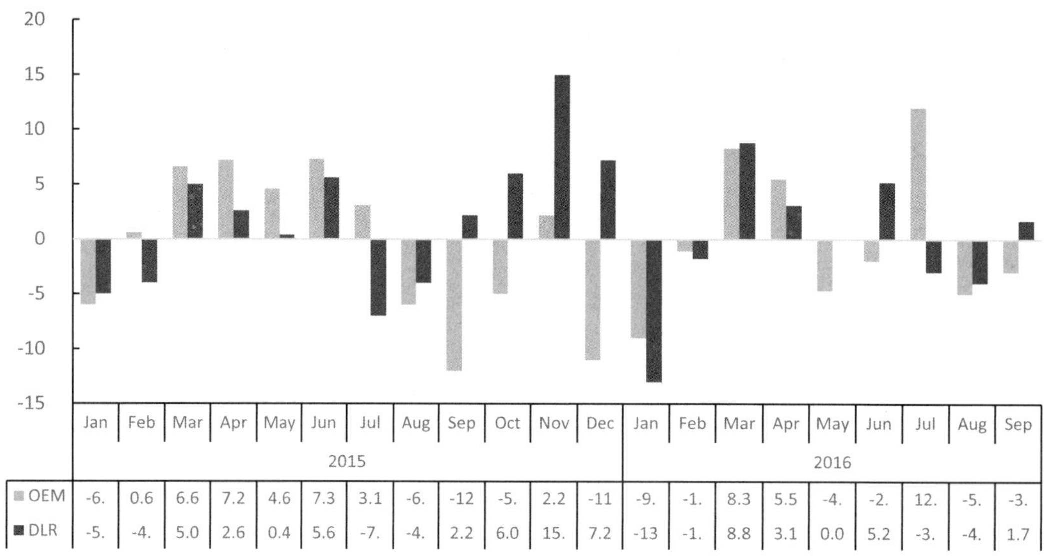

数据来源：乘联会

从库存深度来看，2016 年 9 月份，厂家库存达到 0.42 个月的销量，相较历年同期水平较低；经销商库存处于相对正常的水平，库存深度为 1.33 个月水平。9 月，厂商库存合计 1.73 个月，在历年总体库存中处于正常的水平。

图表 10　国产狭义乘用车厂家库存及经销商库存指数

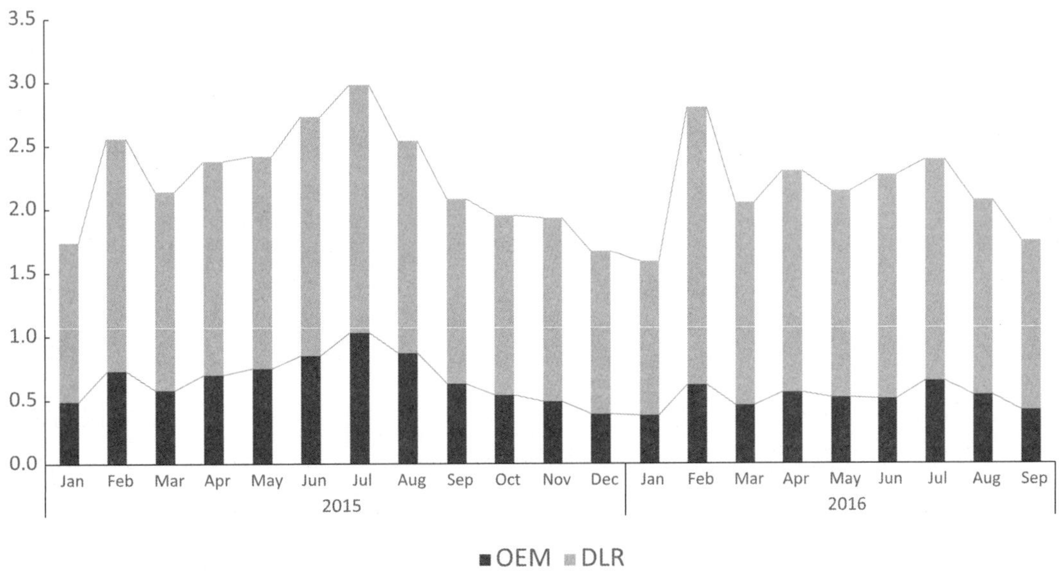

终端成交价格走势平稳，优惠幅度与去年同期持平。2016 年前三季度，国产狭义乘用车市场的终端成交价格走势相对平稳。2016 年 9 月，优惠幅度为 14.1%，与去年同期持平，相比 2015 年 12 月 15.4%的优惠幅度，收紧 1.3 个百分点。

图表 11 国产狭义乘用车市场的终端价格优惠幅度变化

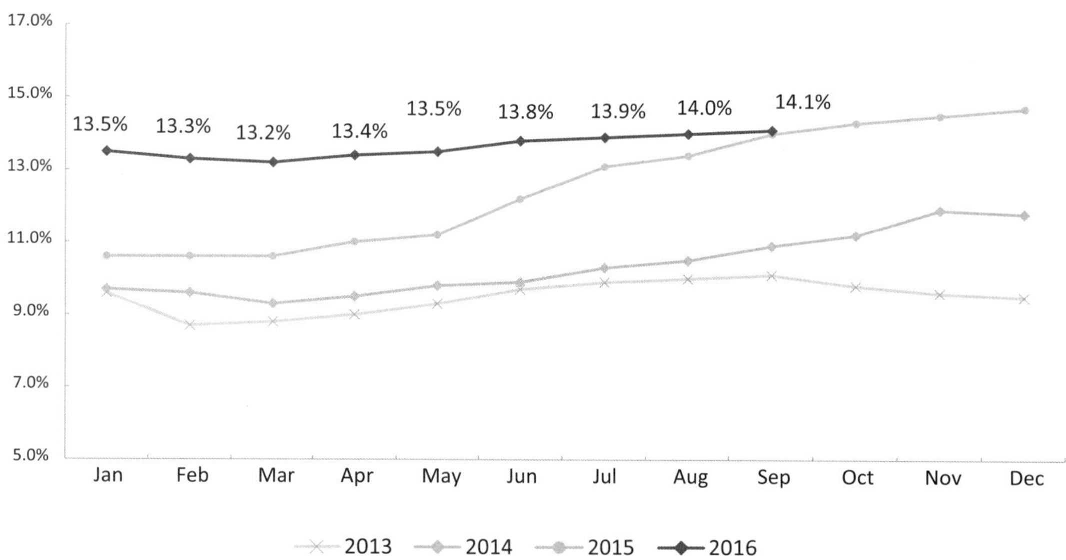

新能源汽车高速增长，PHEV 增幅相对趋缓。据中汽协数据显示，2016 年 1-9 月，新能源汽车生产30.2万辆，销售28.9万辆，比去年同期分别增长93.0%和100.6%。其中纯电动汽车产销分别完成 22.9 万辆和 21.6 万辆，比去年同期分别增长 118.1%和 128.4%；插电式混合动力汽车产销均完成 7.3 万辆，比去年同期分别增长 41.7%和 47.2%。

二、2016年1-9月中国进口汽车市场特点

（一）进口量持续调整，主力品牌进口恢复：高库存压力下，2016年1-9月中国累计进口汽车74.8万辆，同比下滑6.6%，调整态势明显，相比2015年全年24.2%的下滑，降幅收窄17.6个百分点。2016年1-9月进口量排名前十的品牌，进口量累计同比增长7.0%

在进口车型国产化不断推进的大背景下，2016年中国进口汽车市场持续“供需双降”局面。2016年1-9月累计进口74.8万辆，同比下滑6.6%，调整态势明显，但降幅相比2015年全年收窄。

图表12　2009年-2016年9月海关进口量　单位：辆，%

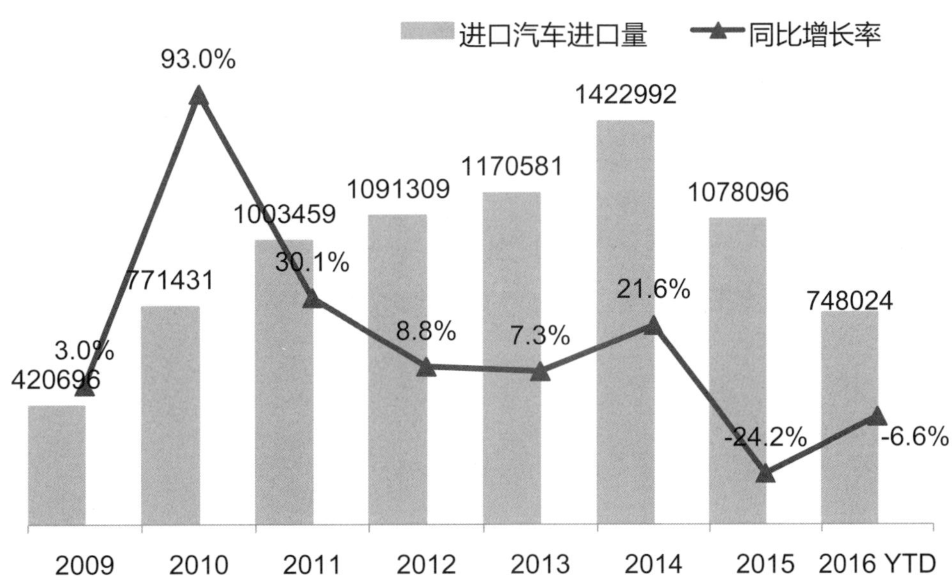

数据来源：中国进口汽车市场数据库，以下不再赘述

从季度走势来看，自2015年一季度至2016年三季度，连续七个季度，进口量均处于下滑周期中，分别下降17.1%、28.4%、25.1%、25.1%、14.6%、2.3%和3.3%。

依据 2012 年至 2013 年间的历史情况，去库存持续了三个季度。因为本轮库存深度创下历史峰值，去库存周期比上一轮增加了一倍以上。

图表 13　2012 年-2016 年 9 月海关进口量季度走势

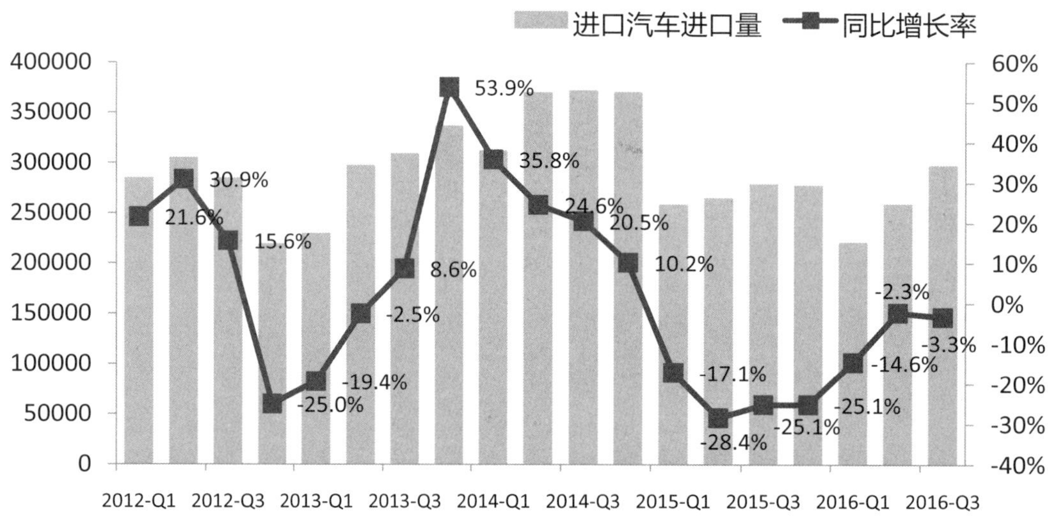

从进口量排名前十品牌的表现来看，主流品牌调整迅速。2016 年 1-9 月进口量累计同比增长 7.0%，高于进口车整体增速 13.6%。

图表 14　2015/2016 年 1-9 月进口量前十名累计表现

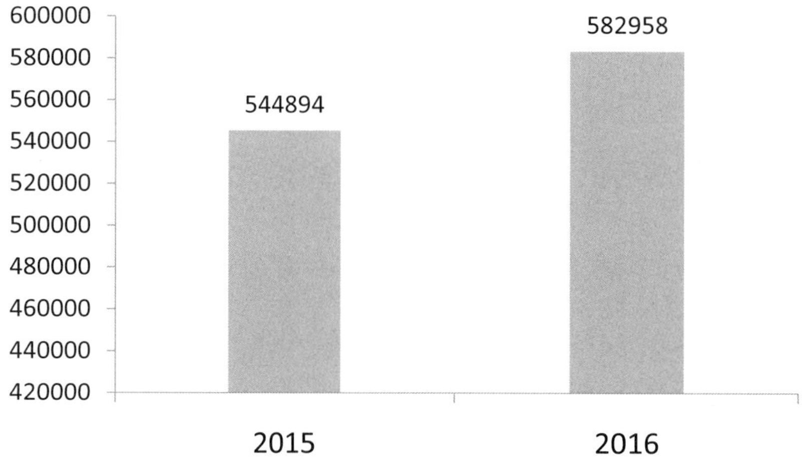

（二）终端销量降幅收窄，呈现止跌回升趋势：2016 年 1-9 月经销商交付客户进口车（AAK）销量为 65.2 万辆，同比下滑 3.8%，相比 2015 年全年 20.6%的下滑，降幅收窄 16.8 个百分点，7-9 月连续三个月呈现同比增长态势，三季度累计同比增长 8.1%

2016 年前三季度，在购置税优惠、国五排放标准实施等政策推动下，以及受进口车型国产化、经济下行压力等不利因素影响，进口汽车市场需求继续下滑，但降幅有所收窄。

根据中国进口汽车市场信息联席会统计的 30 个品牌的经销商交付客户进口车数据（AAK）来看，2016 年 1-9 月经销商交付客户进口车销量为 65.2 万辆，同比下滑 3.8%，相比 2015 年全年下滑 20.6%，降幅收窄 16.8 个百分点。

图表 15　2015-2016 年 9 月进口汽车市场月度 AAK 销量

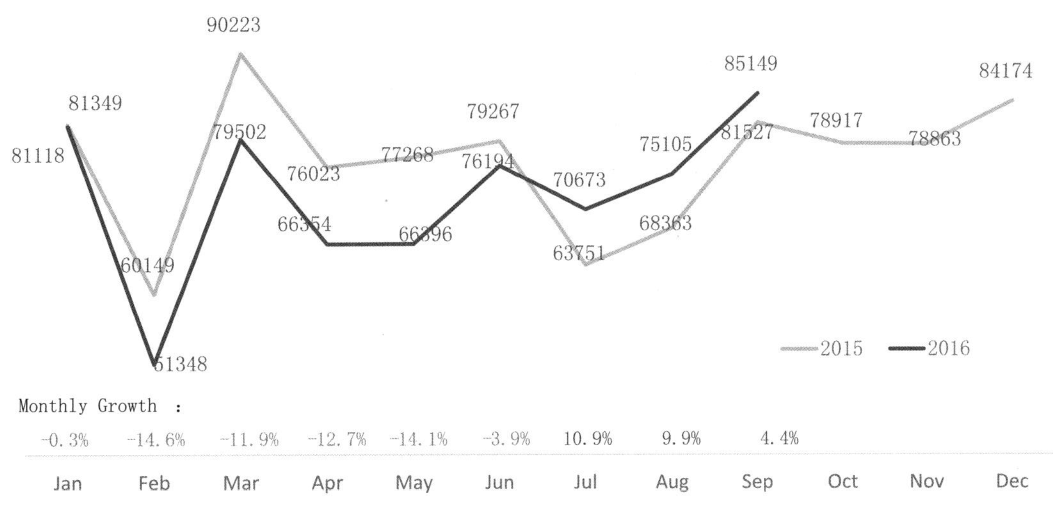

从月度走势来看，2016 年 1-6 月，进口车销量均呈现同比下滑，其中 2016 年 2-5 月销量同比下滑幅度均超过 10%，导致上半年销量同比下滑 9.3%。进入第三季度，进口车销量明显增长，进口车销量累计同比增长 8.1%。其中，2016 年 7 月-9 月的销量同比增速分别为 10.9%、9.9%和 4.4%。

（三）行业库存压力犹存，经销商库存相对减小：通过连续 7 个季度供给面的调整，2016 年 9 月行业库存[厂商（含平行进口商）库存+经销商库存]深度达 3.8 个月，环比继续下降；经销商库存压力下降明显，厂商（含平行进口商）库存压力犹存

行业库存根据中国进口汽车信息联席会统计的 20 个品牌的海关进口量和市场零售数据差值来计算；进口车行业库存深度根据累计的总经销商与经销商之间的库存量除以月平均零售量计算。合理的行业库存水平一般为 1.5-2 个月左右。经调查，2010 年底行业库存深度为 1.5 个月，2014 年起库存持续攀升并于 2015 年 7 月达到 5.2 个月，创下历史新高。受到海关进口量持续下滑的影响，2015 年 12 月行业库存深度下降为 4.3 个月。

2016 年进口车去库存进程持续推进，9 月库存深度达到 3.8 个月，相比 2015 年同期库存压力虽有所减轻，但从库存深度的绝对数量来看，行业库存仍处于相对高位。

图表 16　2012 年-2016 年 9 月进口乘用车市场累计库存深度走势

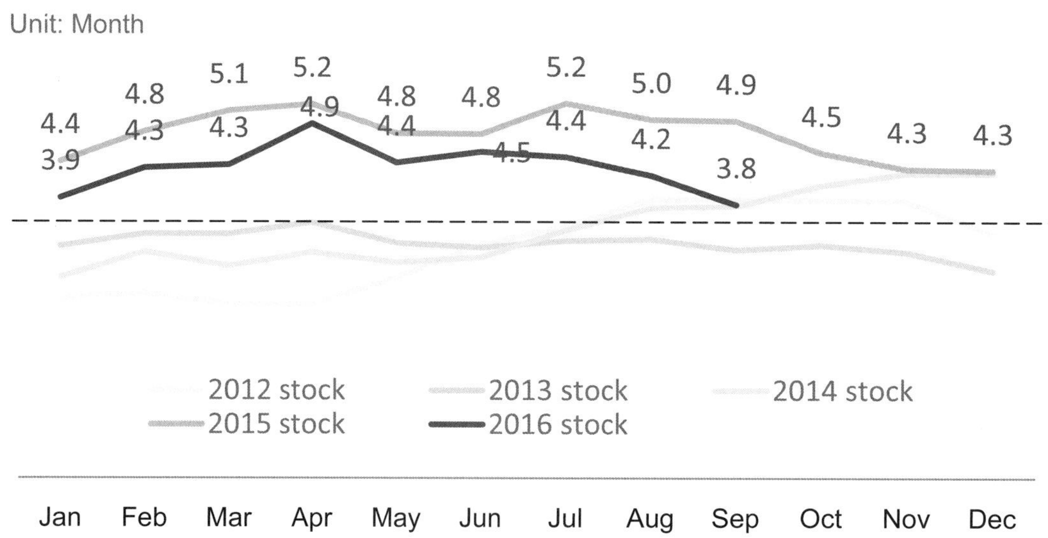

注：行业库存包含总经销商和经销商两部分库存

从反映库存绝对量的库存指数上来看，2014 年下半年开始，行业库存绝对量快速上升，随着进口量的调整，从 2015 年 1 月开始库存绝对量进入下行通道，反映出乘用车海关进口量的减少确实产生了较大的去库存作用。但库存绝对量的减少从 2016 年 3 月开始出现反弹，截止 2016 年 9 月，库存绝对量仍高于 2012 年下半年出现的高点，行业库存压力犹存。

图表 17　2011 年-2016 年 9 月进口乘用车市场累计库存指数走势

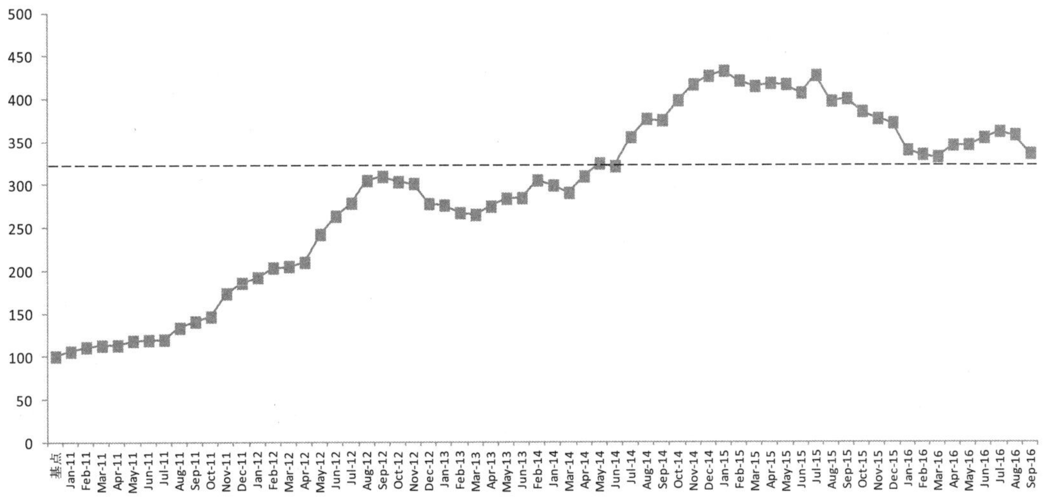

注：行业库存包含总经销商和经销商两部分库存

根据中国汽车流通协会的经销商库存调研显示，2016 年 8、9 月进口经销商的库存深度为 1.36 和 1.18 个月，库存压力下降明显，低于经销商库存水平线 1.5 个月的合理库存（注:由于该调查采取经销商抽样调查方式，因此结果与中国进口汽车信息联席会测算的行业库存-包含厂家和经销商库存-有偏差）。

图表 18　2016 年 8/9 月进口、合资和自主品牌经销商库存深度

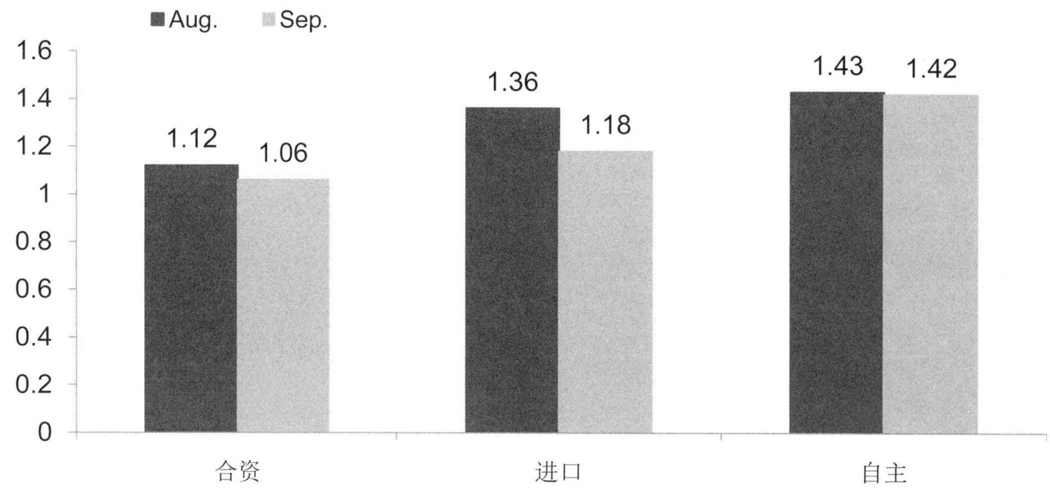

数据来源：中国汽车流通协会经销商调研

（四）成交价格优惠幅度加大，新产品溢价情况鲜有：虽然进口量及终端销量降幅相比同期均有减少，但进口汽车行业库存深度持续处于高位，进口车市场终端成交价格优惠幅度不断加大，2016 年 9 月市场整体平均优惠 9.1 万元，优惠幅度达 13.3%，环比基本持平，但相比一季度整体的 11.6%加大 1.7 个百分点

虽然 2015 年末进口车总体市场平均优惠，在春节前促销、国四产品清库等因素作用下，降幅有所收窄，但随着 2016 年前三季度的行业库存始终较高，进口车市场终端优惠幅度依然逐渐加大，2016 年 9 月市场整体平均优惠 9.1 万元，优惠幅度达 13.3%，环比基本持平，但相比一季度整体的 11.6%加大 1.7 个百分点。

分车型看，轿车、SUV 和 MPV 三大车型中，D 级轿车和 C 级 SUV 的终端价格走低带来轿车和 SUV 的平均优惠幅度加大。2016 年 9 月，SUV 的平均优惠幅度加大至 12%，平均优惠金额达 7.8 万元；轿车的平均优惠幅度达 17%，平均优惠金额达 12.5 万元；MPV 优惠幅度达 10%，平均优惠金额为 5.2 万元。

2016 年三季度，除了极个别持续供不应求车型（如丰田埃尔法）仍处加价销售状

态、部分新车型以指导价格或强制加装装潢方式销售（如保时捷 718Boxster、大众 T6）外，其它进口车型均有不同程度的优惠。

值得注意的是，目前进口汽车市场因为新产品效应带来的加价或原价销售的周期越来越短，新产品溢价情况鲜有。尤其以 C 级 SUV 最为明显，进口车经销商销售压力依然较大。主要原因是厂家新老产品交替期间，终端价格差距过大，导致消费者在新产品上市初期持币待购。

图表 19　2012 年-2016 年 9 月进口车市场终端价格优惠幅度

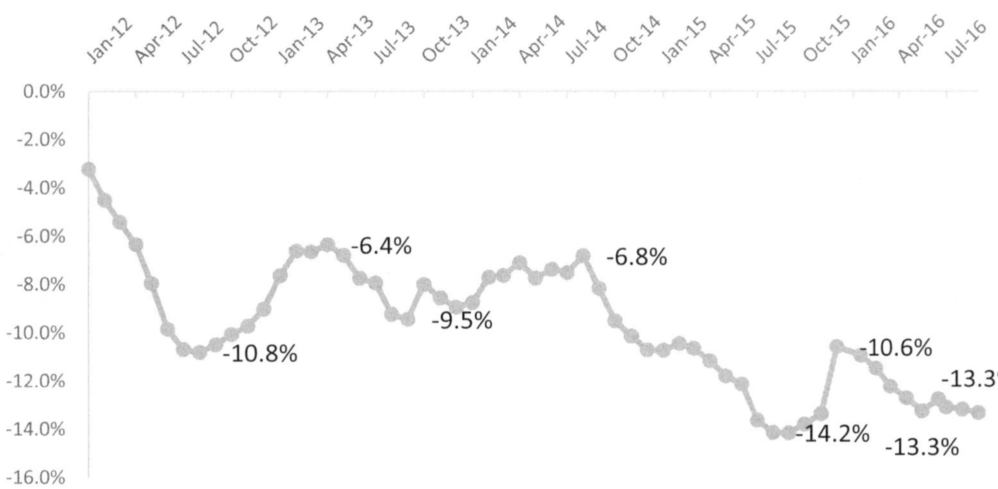

（五）第一阵营格局相对稳定，第二集团竞争激烈：排名前十品牌中，除了路虎和大众品牌，其余八个品牌实现进口量正增长，雷克萨斯、斯巴鲁、林肯品牌增长超过 30%。终端销售层面，宝马、奔驰、雷克萨斯稳居前三；第二集团竞争激烈，大众、奥迪和保时捷等品牌排名有所提升

2016 年 1-9 月，进口量排名前十的品牌中，有两个品牌的进口量同比下滑，分别是大众、路虎。路虎品牌进口量同比下滑 17.4%，主要受发现神行国产影响。大众品牌下滑幅度达到 41.6%，主要原因是持续的去库存以及新旧车型的交替因素，产品面涉及 T5、B7、Tiguan 的换代，途锐、夏朗、甲壳虫的改款。2016 年 1-9 月，前十品牌中，有八个品牌实现进口量的增长。其中雷克萨斯和斯巴鲁恢复最快，进口量迅猛增长 44.1%和 31%，雷克萨斯进入进口量前三；林肯品牌因 2015 年基数较低，增长超过 100%；宝马、奔驰、奥迪也实现了 6%以上的增长。

图表 20　2016 年 1-9 月乘用车分品牌进口量与同比增速

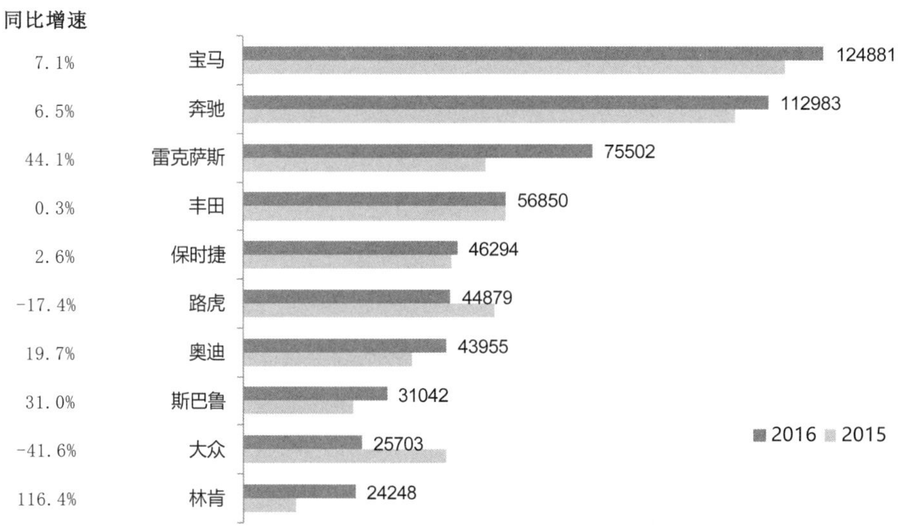

从品牌来源国看，欧系品牌主力地位进一步巩固，占总进口量的三分之二，在 2015 年全年基础上，份额提升 5.3 个百分点；受益于宝马、奔驰、保时捷、奥迪等品牌进口恢复增长，德系进口份额提升 5.1 个百分点，达到 47.5%；同时英系也提升 1.2 个百分点，达到 11.7%。

自 2013 年以来，日系份额一直保持回升。在雷克萨斯和斯巴鲁进口迅猛增长的拉动下，2016 年 1-9 月，日系份额达到 25.5%，依旧保持在第二大系别的位置。

主要受国产化影响，美系、韩系份额持续缩小。其中，美系品牌 2016 年 1-9 月下滑 5.6 个百分点，Jeep、道奇、凯迪拉克品牌的下滑均超过 50%。

图表 21　2012-2016 年 9 月分来源国海关进口量占比

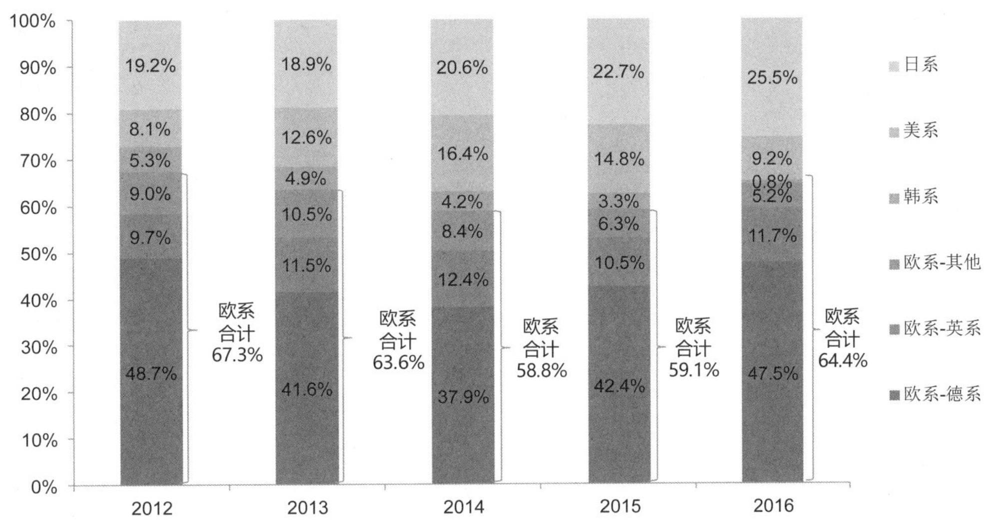

从终端销售层面看，宝马、奔驰、雷克萨斯在销量排名上稳居前三；第二集团竞争激烈，大众、奥迪、保时捷等品牌排名有所提升。

图表 22　2012-2016 年 9 月进口汽车市场各品牌销量排名

	2012	2013	2014	2015	2016 YTD
1	BMW	BMW	BMW	BMW	BMW
2	MB	MB	MB	MB	MB
3	VW	VW	Land Rover	Lexus	Lexus
4	Audi	Audi	Jeep	Jeep	Porsche
5	Lexus	Land Rover	VW	Porsche	VW
6	Land Rover	Lexus	Audi	Land Rover	Audi
7	Jeep	Jeep	Lexus	Audi	Subaru
8	Subaru	Volvo	Subaru	VW	Land Rover
9	Volvo	Subaru	Volvo	Subaru	Jeep
10	Kia	Porsche	Porsche	MINI	MINI
11	Porsche	Kia	Ford	Cadillac	Smart
12	Renault	MINI	Cadillac	Renault	Jaguar
13	Hyundai	Cadillac	Renault	Ford	Volvo
14	MINI	Renault	Kia	Dodge	Cadillac
15	Cadillac	Ford	MINI	Kia	Infiniti

（六）SUV 份额出现下降，车型分级情况略有变化：从车型结构看，SUV 在三大车型结构中的占比下降，2016 年 1-9 月 SUV 进口总量降幅为 12.5%；从车型分级看，随着乘用车企业平均油耗标准日趋严格，在小排量新产品的推动下，B 级、C 级份额均超过 A 级，分别达 27.6%和 32.7%

2016 年 1-9 月，乘用车累计进口 73.98 万辆，同比下降 6.9%。轿车是三大车型中唯一增长车型，SUV 在乘用车中的占比降至 60%以下。

其中，轿车进口 27.3 万辆，同比增长 6.2%，是三大车型中唯一增长车型，主要由于雷克萨斯 ES200 等车型进口量增长及宝马全新 7 系等新车型上市；SUV 进口 43.7 万辆，同比下降 12.5%，主要受量销车型（如路虎发现神行、福特 Edge 等）国产化的影响，量销新品有限；MPV 进口 2.9 万辆，同比下降 22.3%，在三大车型中降幅最大。

图表 23　2016 年 1-9 月乘用车分车型进口量

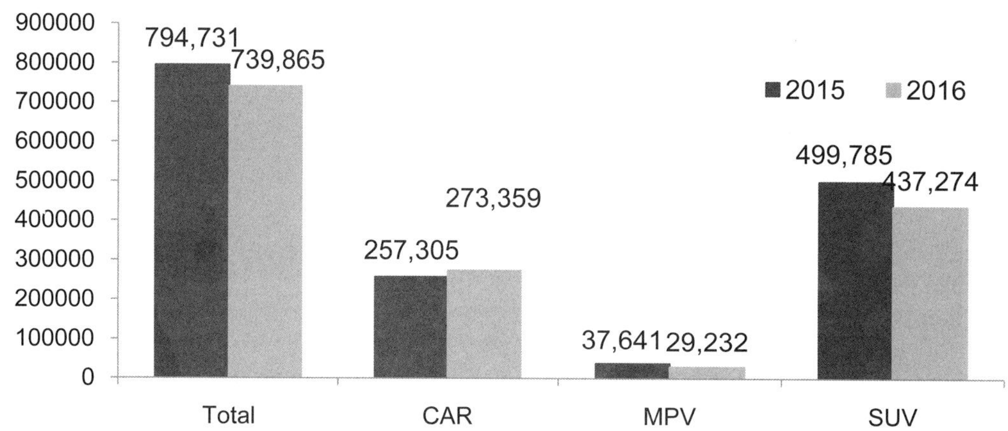

	Total	CAR	MPV	SUV
Growth：	-6.9%	6.2%	-22.3%	-12.5%
Share：		36.9%	4.0%	59.1%

图表 24　2015 年-2016 年 9 月分车型市场份额情况

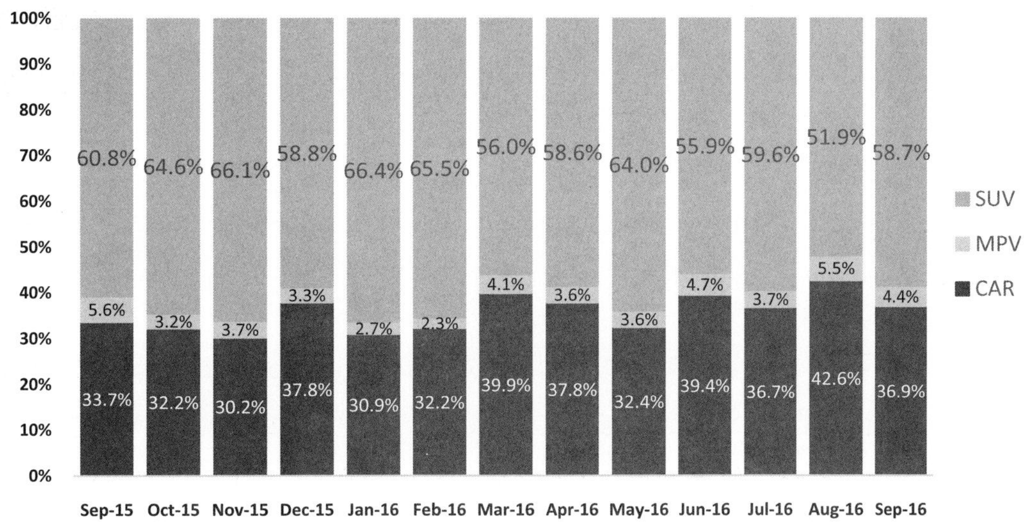

2016 年 1-9 月，进口量前十名车型中，前七款车型均为 SUV。其中，宝马 X5、丰田 LANDCRUISER、PRADO 等均属于平行进口热门车型；轿车 2.0L 及以下排量车型进口量较多。

图表 25　2016 年 1-9 月分车型进口量排名

排名	车型	进口量（辆）
1	宝马 X3	30184
2	宝马 X5	29401
3	奔驰 GLE	27607
4	丰田 LANDCRUISER	22601
5	丰田 PRADO	21532
6	保时捷 Macan	21037
7	雷克萨斯 NX200	19522
8	迷你 MINI	19464
9	雷克萨斯 ES200	19201
10	斯巴鲁 Forester	18766

从车型分级来看，随着乘用车企业平均燃料消耗量目标日趋严格，跨国汽车厂商纷纷推出小排量新产品，从而在实际上通过降低售价来提升销量。2016 年 1-9 月，在 ES200、X5 28i 等产品的带动下，B 级、C 级份额均超过 A 级，分别达 27.6%和 32.7%。

图表 26　2012 年-2016 年 9 月进口汽车市场销量份额

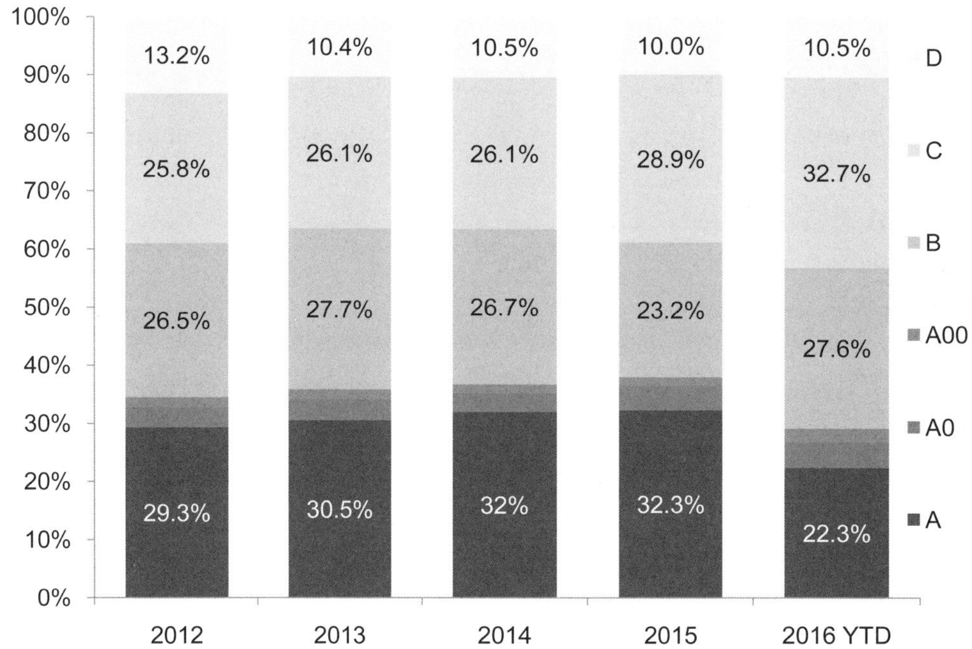

（七）3.0L 以下排量占比下降，其中 1.5-2.0L 份额增长：因大排量汽车平行进口量加大，3.0L 以下排量份额相较 2015 年全年的 93.1%下降 1.4 个百分点，至 91.7%；其中 1.5-2.0L 排量区间不断挤压 2.0-2.5L 区间的份额，以 41.8%的份额保持第一，在 2015 年全年 37.5%的基础上继续提升

2016 年 1-9 月，1.5-2.0L 排量区间以 41.8%的份额稳居第一大排量区间并在 2015 年全年 37.5%的基础上继续提升。1.5-2.0L 排量区间份额的稳定增长主要是由于购置税优惠政策影响、紧凑型 SUV 车型的拉动及更多 C 级 SUV 车型推出小排量产品所致。雷克萨斯 NX、保时捷 Macan、斯巴鲁森林人、宝马 X3 等是这一排量区间的主力车型且进口量增幅明显。同时，以捷豹 F-PACE 为代表的全新车型，以奥迪 Q7、宝马 X5 等换代、改款车型为代表的 C 级 SUV 产品也纷纷进入这一排量区间。

同时，受到以大排量车型为主的平行进口市场拉动，3.0-4.0L 排量区间比 2015 年全年份额上升了 0.8 个百分点，3.0L 以下排量份额相较 2015 年全年的 93.1%下降 1.4 个百分点，达 91.7%。1.0L 以下区间份额的提升则是主要因为 MINI、奔驰 SMART 等小排量车型进口量的显著上涨。

图表 27　2012 年-2016 年 9 月进口汽车市场排量结构变化

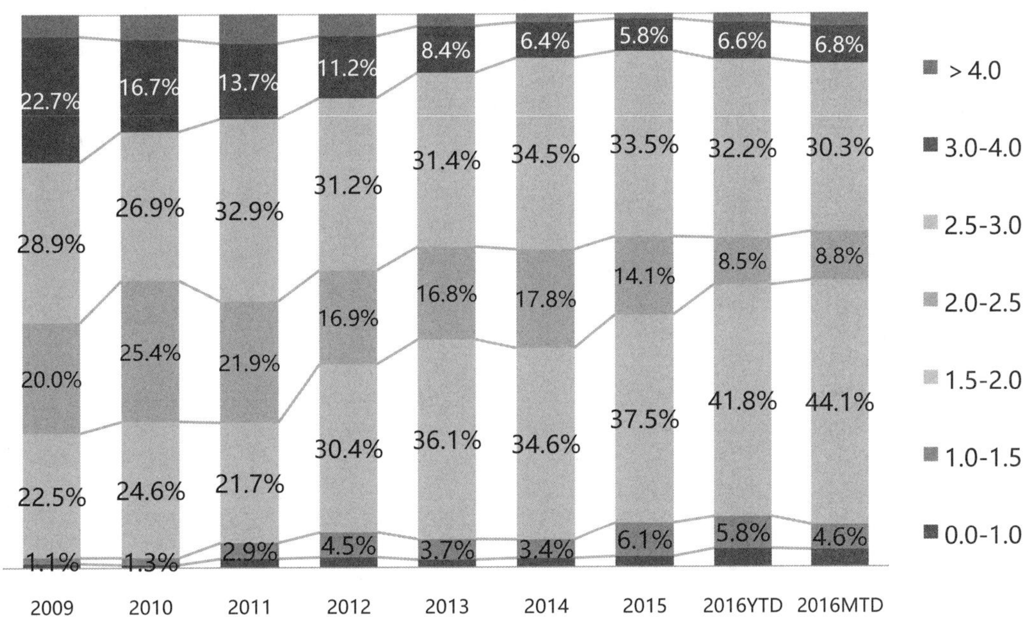

（八）传统三大港份额超九成，其余十六个口岸角逐一成市场：在“8.12”之后，上海港以 35.2%的份额继续成为第一大港，但较 2015 年全年 38.3%的份额略有回落；天津港份额为 31.2%，较 2015 年全年略有下滑；黄埔港份额为 26.8%，增长 2.4 个百分点；青岛港继续保持稳定增长

2016 年 1-9 月，天津港、上海港及黄埔港三港占据 93.2%的市场份额，“三足鼎立”态势延续。

“8•12”之后，上海港延续了 2015 年以来第一大港的市场地位，2016 年 1-9 月份额占比为 35.2%，但因部分品牌从天津港转港到上海港的拉动作用在减弱，相较 2015 年，上海港份额有所回落。

2016 年 1-9 月，天津港份额回升至 31.2%，但较 2015 全年份额的 32.8%仍有下滑。宝马、奔驰、奥迪和路虎等多个转港进口的品牌虽已陆续恢复至天津口岸进口，但各跨国厂商的进口量普遍未恢复到“8•12”前的水平。

黄埔港主要受市场因素拉动，因华南沿海地区需求日趋稳定，2016 年 1-9 月，市场份额达 26.8%。

自 2015 年起，青岛港份额逐渐提升，其增长主要来源于平行进口。2016 年 1-9 月，青岛港进口汽车 1.44 万辆，同比增长 61%，目前其平行进口汽车已达其总进口量的 90%以上，

图表 28　2013 年-2016 年 9 月各港口进口量份额情况

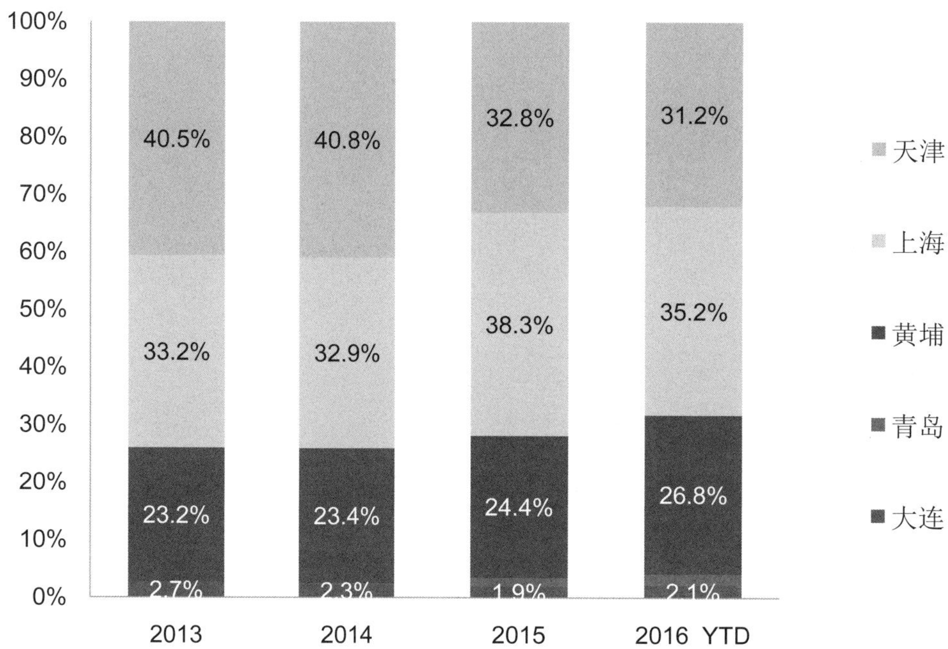

（九）平行进口持续增长，份额超一成：2016 年 1-9 月汽车平行进口 8.54 万辆，同比增长 5.1%；占进口汽车市场份额 11.4%，较 2015 年全年市场份额 10.5%，继续增长 0.9 个百分点

2016 年前三季度，在进口汽车市场规模大幅下滑 6.6%的背景下（其中正常贸易进口同比下滑 7.9%），平行进口汽车 8.54 万辆，同比增长 5.1%，平行进口市场高于市场整体情况。

图表 29　2013 年-2016 年 9 月中国平行进口*份额（单位：千辆）

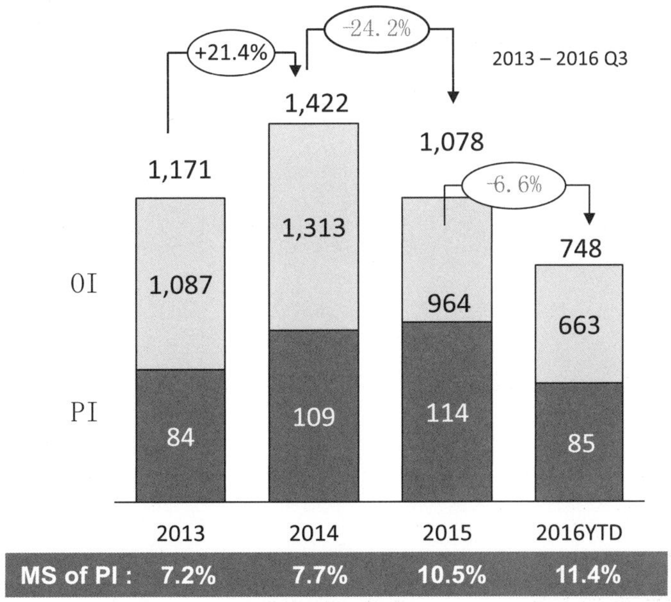

*：本报告中所有平行进口数据均来源于中国进口汽车市场数据库

从车型结构看，SUV 一直是平行进口车市场的绝对主导，市场份额保持在 80%左右。但随着平行进口车型的多样化，2016 年 1-9 月,SUV 占比相较 2015 年同期小幅下降，其中 7 月和 9 月占比低于 80%。

图表 30　2015-2016 年 9 月平行进口 SUV 车型进口量及占比（单位：辆）

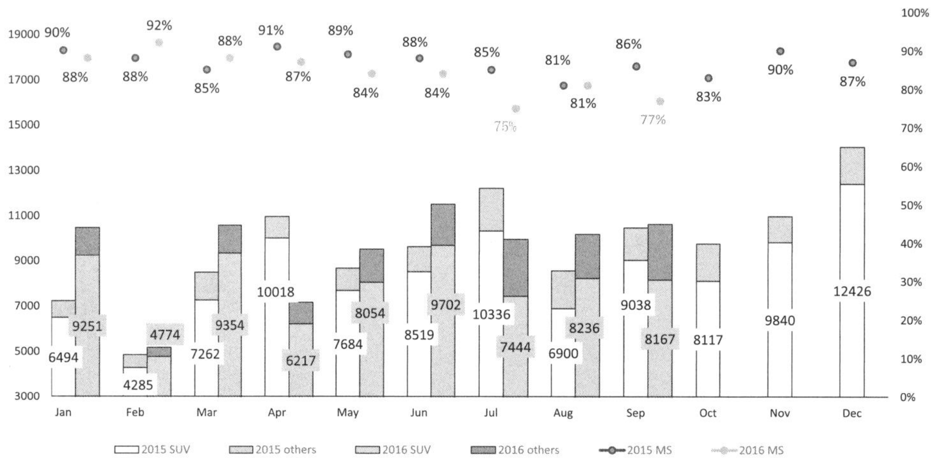

从排量分布情况看，2016 年平行进口新增车型多为 2.0L 以下车型，如 X3，X4，528i，Tiguan 等；小排量车型的平行进口，使得 2.5L 以下份额有所提升，占比达 9%；2.5L-4.0L 依然是平行进口的主力，占平行进口市场份额的 83%；由于油耗监管对平行进口车的影响尚未显现，因此 6.0L 以上车型份额小幅度增加；同时，小排量车型的进口也为平行进口贸易商拉低企业平均油耗起到一定的作用。

图表 31　2014-2016 年 9 月平行进口汽车排量分布

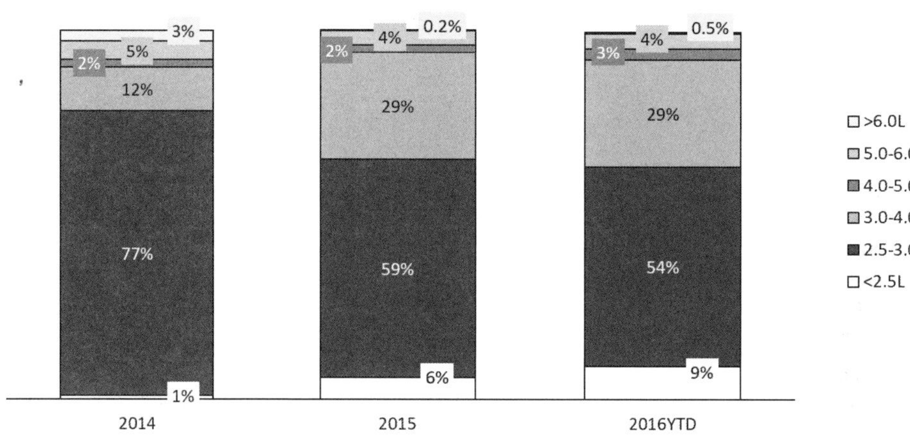

从来源地分布看，来源地是美国的平行进口产品份额提升 8%，占平行进口总量的 51%；中东地区略有下降，降至 42%，香港份额下降至 5%。美国份额提升的主要原

因是路虎车型及 Q7 车型的大量进口；来源地是中东地区的车辆由于受到丰田公司供货收紧政策的影响，其提供的丰田品牌车型有所减少；由于来源地是香港的车辆主要为日系品牌，同样受到丰田供货减少的影响，造成香港车源份额降低。

图表 32　2015-2016 年 9 月平行进口汽车来源地分布

2016YTD		2015YTD	2016 vs 2015
USA	43,440	33,523	9,917
UEA	29,076	28,237	839
Oman	5,900	5,348	552
Hong Kong (China)	4,766	9,574	-4,808
Germany	690	208	482
Qatar	952	3,417	-2,465
Italy	52	0	52
U.K	10	141	-131
Japan	16	169	-153
Canada	7	28	-21

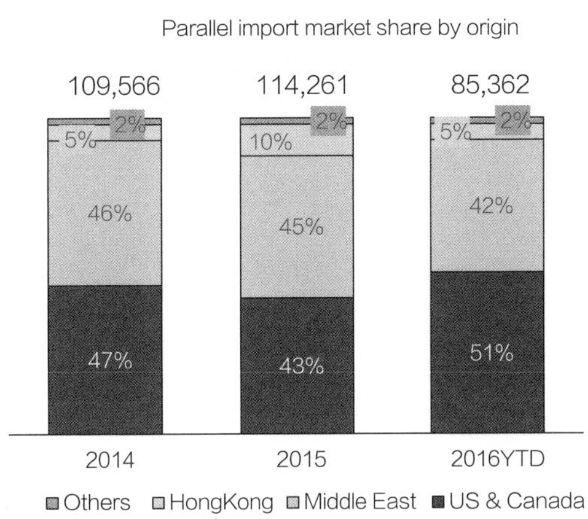

从品牌分布来看，平行进口品牌集中度较高。丰田，路虎，奔驰，福特，奥迪，宝马这 6 个品牌的进口量占比超过 98%，其中丰田品牌占比最大，达到平行进口总量的 58%。

图表 33　2015-2016 年 9 月平行进口汽车品牌结构分布

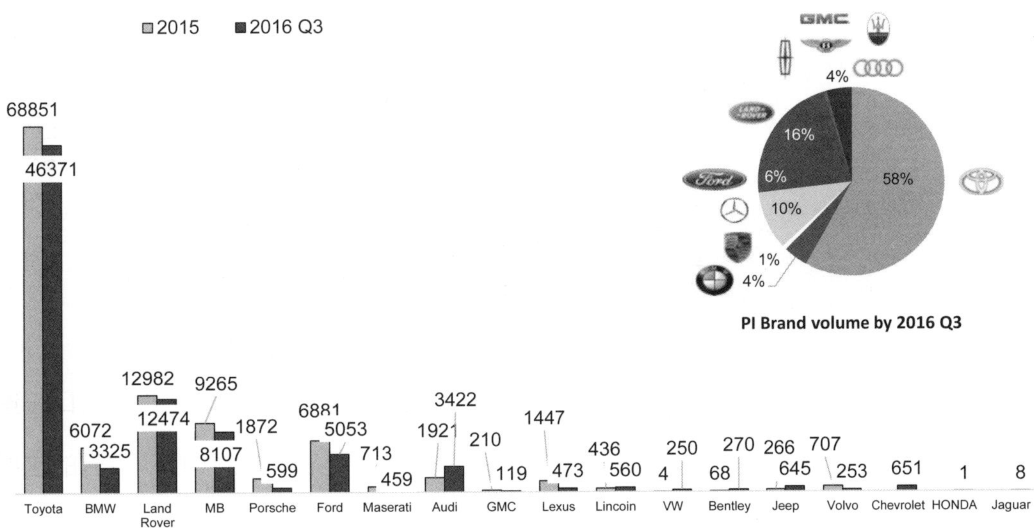

通过对重庆、上海、福州、青岛和天津港的实地调研发现，平行进口贸易商流动性强，港口固定投资小。港口的优惠政策成为贸易商选择进口港的主要考虑因素，但通关后 90%的车辆依然运回天津销售，其他港口通关数量的增加没有给当地经济做出太大的贡献。

图表 34　2015-2016 年 9 月平行进口汽车港口分布

2016 Q3			2015	2016YTD vs 2015YTD
天津	47,628	56.29%	72.76%	-16.47%
青岛	12,144	14.35%	8.37%	5.98%
大连	6,325	7.47%	5.65%	1.82%
福州	4,795	5.67%	3.59%	2.08%
黄浦	3,259	3.85%	1.57%	2.28%
张家港	2,753	3.25%	2.18%	1.07%
宁波	2,885	3.41%	1.83%	1.58%
钦州	2,354	2.78%	0.39%	2.39%
上海	1,011	1.19%	2.88%	-1.69%
重庆	314	0.37%	0.11%	0.26%
满洲里	362	0.43%	0.17%	0.26%
郑州	253	0.30%	0.19%	0.11%
深圳	304	0.36%	0.29%	0.07%
海口	149	0.18%	0.01%	0.17%
新疆	60	0.07%	0.00%	0.07%
岳阳	18	0.02%	0.00%	0.02%
成都	2	-	0.00%	-

（十）进口新能源车积极引进，PHEV 车型初探市场：在新能源汽车市场开拓初期，虽受进口新能源汽车政策受惠有限、产品品种少等因素影响，但进口产品引入积极，规模占进口汽车总量的 1.3%；2016 年，PHEV 汽车引入力度加大，占新能源汽车进口量的 40%

在新能源汽车市场开拓初期，虽受进口新能源汽车政策受惠有限，产品品种少等因素影响，但引入积极，2016 年进口新能源产品的市场规模占进口汽车总量的 1.3%。

根据中国进口汽车市场数据库显示，2015 年，进口新能源车多以纯电动车型为主，产品主要有特斯拉 Model S，宝马 i3、i8，大众 E-UP!，日产 Leaf。占比达 90%以上。

图表 35　2015 年新能源纯电动乘用车分月度进口量

月度	1 月	2 月	3 月	4 月	5 月	6 月	7 月	8 月	9 月	10 月	11 月	12 月	累计
特斯拉 Model S	14	41	225	92	165	165	221	312	123	346	343	376	2423
宝马 i3	3	4	2	40	27	39	17	11	9	61	46	41	300
宝马 i8	686	5	26	22	11	9	43	3	5	20	13	14	857
大众 E-Up			10	6	3	7	4						30
日产 leaf					1		1						2

图表 36　2015 年进口新能源纯电动乘用车分月度上牌量

月度	1 月	2 月	3 月	4 月	5 月	6 月	7 月	8 月	9 月	10 月	11 月	12 月	累计
特斯拉 Model S	469	260	326	268	242	227	224	242	379	302	357	399	3695
宝马 i3	7	11	7	9	7	4	5	16	3	8	11	11	99
宝马 i8	13	14	9	10	11	7	13	13	10	6	15	18	139
大众 E-Up	1						5					1	7
日产 leaf													0

2016 年前三季度，PHEV 产品供给增加，进口新能源汽车达 0.94 万辆。主要原因是 C 级 SUV 和 D 级轿车引入力度加大，如保时捷卡宴、帕拉梅拉、宝马 X5、7 系、奔驰 GLE、S 级等，PHEV 车型进口量占比大幅增加，达到新能源车的 40%。

图表 37　2016 年前三季度进口新能源汽车进口量情况

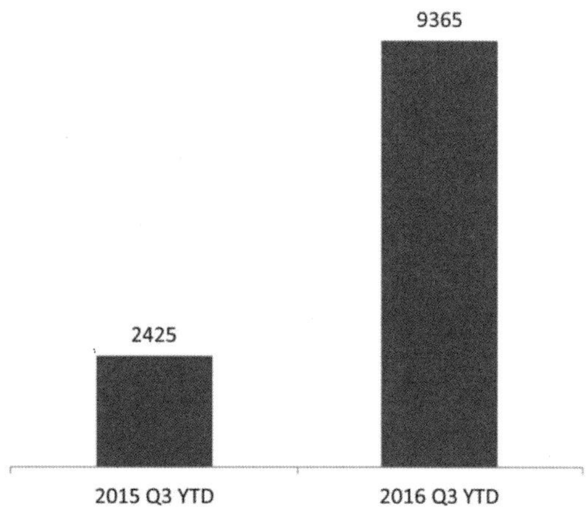

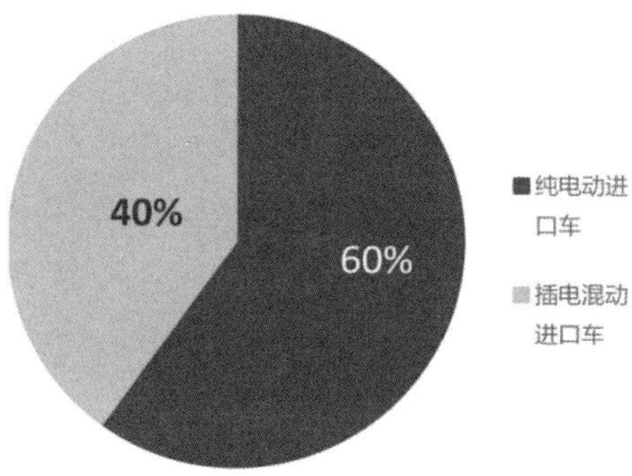

三、2016-2017 年进口汽车市场预测及未来五年发展趋势

（一）市场环境分析

1、 宏观经济面：预计 2016 年四季度，全球经济维持疲软，潜在风险包括金融市场、政经事件及美联储加息可能。国内出口继续回暖，财政政策持续发力，基建投资、新兴产业等领域得到支持，消费、服务业平稳增长，经济短期趋于稳定，预计全年 GDP 增长6.7%左右；2017 年经济增长态势主要取决于宏观政策走向，预计 GDP 增速在6.6%左右

全球经济：展望第四季度，预计 GDP 环比增长折年率将达到 2.8%左右，继续低于全球经济的潜在增长水平；在发达经济体中，美国经济受到美元升值、投资不振、美国大选结果等因素影响，增长低于预期，美联储加息计划屡遭挫折；欧洲经济在宽松政策的支持下，内需保持稳健，复苏有所扩展，但英国经济陷入停滞；日本经济尚未摆脱日元升值、通缩压力等因素。在新兴经济体中，随着一些国家刺激经济的力度加大、大宗商品价格触底回稳和地缘及国内政局动荡局面得到控制，经济复苏力度趋于回升，总体仍处于疲弱区间，需要进一步巩固政策成果。

国内经济：展望四季度，财政政策持续发力将使得基建投资、新兴产业等领域得到支持，服务业、消费也将平稳增长，经济运行总体上将保持稳定。但未来一段时间，经济企稳态势能否延续存在三个不确定性：一是工业回升能否持续。二是在去库存和加杠杆之间如何取舍。三是企业存款活期化和居民财富地产化使得 M1 和 M2 增速“剪刀差”持续扩大。结合各方面因素，我们预计四季度和全年 GDP 增长均在 6.7%左右。

2、 市场政策面：国务院召开常务会议要求打破汽车销售品牌授权单一模式，扩大汽车平行进口试点省市范围。“汽车销售管理办法”、“关于汽车业的反垄断指南”等政策将对汽车市场现有格局产生影响；工信部等 5 部委发布《关于 2015 年度中国乘用车企业平均燃料消耗量核算情况的公告》，27 家进口乘用车企业中 1/3 未达标，随着第四阶段

燃料消耗量标准的实施，企业油耗达标压力将进一步加大；汽车税收政策或将调整

国务院召开常务会议要求打破汽车销售品牌授权单一模式，扩大汽车平行进口试点省市范围。商务部组织起草的《汽车销售管理办法》(以下简称《办法》)和发展改革委组织编制的《关于汽车业的反垄断指南》(以下简称《指南》)已于2016年公开征求意见。国务院常务会议的要求再次表明了政府对于打破汽车销售领域的垄断行为的决心。同时也将《办法》拟放开汽车销售的非授权经营方式，并提出鼓励发展共享型、节约型汽车销售，推动汽车流通模式创新，积极发展电子商务等规定。《办法》一旦实施，将有利于破除不平等的厂商关系；发挥市场配置资源的决定作用，减少政府对市场行为的行政性干预。《指南》的出台可以更好地降低行政执法成本，降低经营者合规成本，推进科学有效的反垄断监管。将有利于预防汽车业垄断行为，保护公平竞争，维护消费者利益和社会公共利益，促进汽车业健康发展，促进我国汽车市场的有效竞争。

2016年10月14日，国务院常务会议的要求再次表明了政府对于打破汽车销售领域的垄断行为的决心。同时也将促进《汽车销售管理办法》和《关于汽车业的反垄断指南》的尽快出台。

工信部发布《关于2015年度中国乘用车企业平均燃料消耗量核算情况的公告》，27家进口乘用车企业中仍有9家未达标，占比达1/3，随着2016年第四阶段燃料消耗量标准的实施，企业油耗达标压力将进一步加大。按照《乘用车燃料消耗量评价方法及指标》(GB27999-2011)的要求，2015年企业达标值为目标值的100%(2014年为103%)；2016年起，将实施第四阶段油耗标准，油耗管理进一步趋严，企业达标难度增加。从公布的数据看，共有31家企业2015年平均油耗未达标，其中进口乘用车企业9家。27家进口乘用车经销商进口乘用车95.38万辆，平均整车整备质量为1826公斤，平均燃料消耗量实际值为8.33升/100公里，较2014年下降5.9%；距离2016年6.9升/100公里的目标还有很大差距。

图表 38　2012-2015 年度进口乘用车（不含新能源车）企业平均燃料消耗量

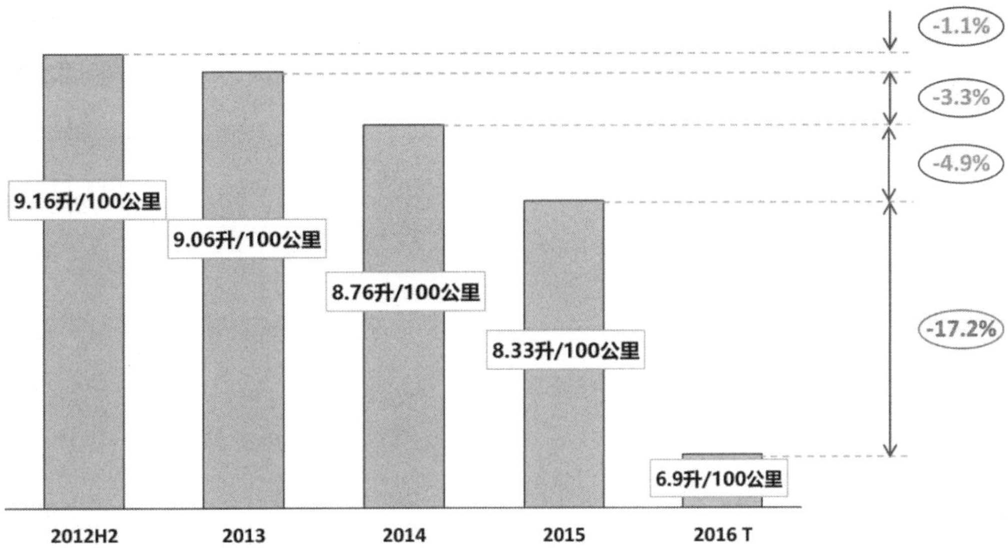

图表 39　2015 年度进口乘用车企业平均燃料消耗量核算情况（不达标企业）

企业名称	乘用车进口量（辆）	企业平均燃料消耗量（L/100km）			实际值/达标值	排名
		目标值	2015 年达标值	2015 年实际值		
马自达（中国）企业管理有限公司	1002	8.39	8.39	8.40	100.12%	19
本田技研工业（中国）投资有限公司	2397	8.70	8.70	9.00	103.45%	20
东风汽车有限公司	2398	10.11	10.11	10.66	105.44%	21
铃木（中国）投资有限公司	4358	6.69	6.69	7.45	111.36%	22
上汽通用汽车销售有限公司	21789	9.59	9.59	10.69	111.47%	23
北京路特斯汽车销售有限公司	51	6.60	6.60	8.60	130.30%	24
法拉利汽车国际贸易（上海）有限公司	401	8.77	8.77	11.47	130.79%	25
迈凯伦汽车销售（上海）有限公司	87	8.16	8.16	11.70	143.38%	26
阿斯顿马丁拉共达（中国）汽车销售有限公司	234	9.41	9.41	14.15	150.37%	27

注：按照 GB27999,2014 年企业达标值为目标值的 100%

此外，一直信受业界关注的汽车税收新政，其调整内容、实施时间将对进口市场产生较大影响。

3、 国产汽车市场：中国汽车市场已进入中低速增长、市场竞争激烈的新常态。预计2017 年中国汽车市场仍将恢复到个位数增长。面对购置税优惠政策是否延续的不确定性，狭义乘用车市场增速将大幅放缓

2016 年前三季度，汽车产销分别完成 1942.2 万辆和 1936.0 万辆，同比增长 13.3%和 13.2%，增幅分别比去年同期提升 14.1 个百分点和 12.9 个百分点。其中，乘用车产销 1681.8 万辆和 1675.2 万辆，同比增长 14.7%和 14.8%。

2016 年前三季度，国民经济继续保持总体平稳、稳中有进的发展态势,主要在 1.6L 以下车型购置税减半优惠政策刺激下，汽车行业经济运行情况总体保持了较快增长，其中产销增幅同比远高于去年，主要经济效益指标增幅高于全国工业，主要增量来自于狭义乘用车市场。

在中国狭义乘用车市场的发展历史中，2009 年也曾有过购置税减半的优惠政策，2009 年狭义乘用车市场同比增速从 2008 年的 7%猛增到 47.2%。2015 年 10 月开始的新一轮购置税减半政策，致使 2016 年前三季度狭义乘用车销售同比增长 17.4%，较 2015 年全年同比增速提高了 10 个百分点。

图表 40　2005-2015 年国产狭义乘用车市场情况

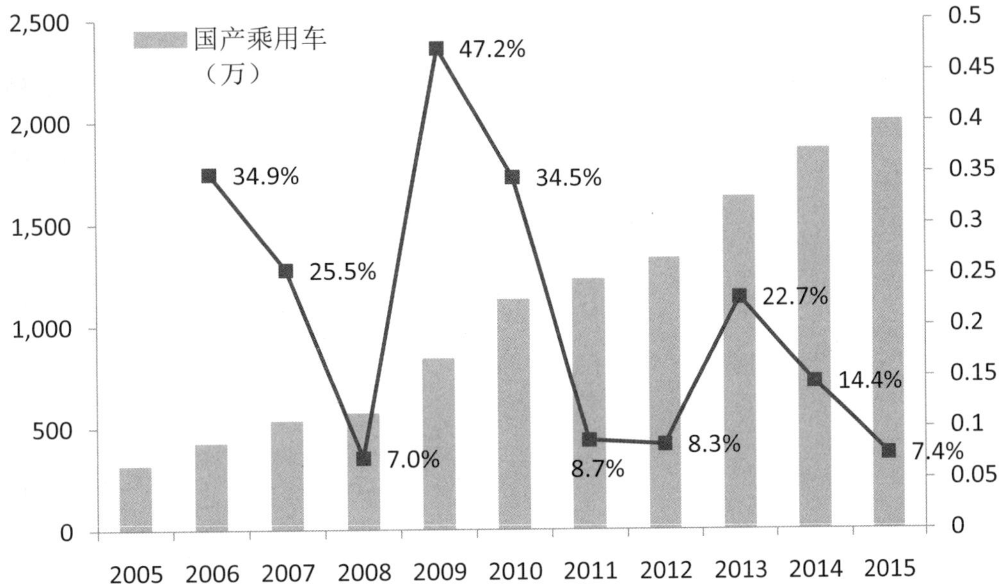

分析影响 2017 全年国产汽车市场的主要因素。主要有利因素是：汽车产业政策性相对平稳，供给侧改革释放活力，房地产限购；从而使得，小型 SUV 增长潜力放大，新能源汽车驶入快速成长期；以满足城市间物流为增长动力的商用车得以发展，货车企稳迹象明显。

主要不利因素是：受世界经济增长疲软、美国加息预期、欧美等国家贸易保护措施、英国脱欧等因素影响，宏观经济继续存在下行压力及政策影响的不确定性，市场需求持续偏弱，实体经济发展动力仍显不足。

根据以往经验看，购置税优惠政策是否延续仍然存在不确定性。2010 年的购置税政策实行 7.5%的税率，狭义乘用车市场增速从 2009 年的 47.2%回落 12.7 个百分点，2011 年的购置税税率恢复到 10%之后，当年狭义乘用车市场增速大幅回落到 8.7%。由此预计 2017 年狭义乘用车市场将为个位数增长。如果按照 7.5%的渐进式退出方式，狭义乘用车预计增长 10%左右；如果直接恢复到 10%征收，则预计增长 5%左右。

中国汽车市场已进入中低速增长、竞争不断加剧的新常态。预计 2017 年中国汽车市场仍将恢复到个位数增长。

4、 新产品供给：据不完全统计，2016 年四季度至 2017 年全年将有 54 款进口新车投放中国市场，其中“量销”新车型有限，新产品主要以市场补充为主

据不完全统计，2016 年四季度至 2017 年全年预计将有 54 款进口新车投放中国市场，包括 24 款全新产品、24 款换代产品和 6 款增添版本产品。从车身形式看，有 29 款轿车、20 款 SUV、3 款旅行车和 2 款 MPV。其中轿车占比 55%，SUV 占比近 40%。

随着 SUV“量销”车型的国产，跨国汽车加大了对紧凑型和小型 SUV 产品的导入以适应消费者的不同需求，如奔驰的 GLC Coupe、GLACoupe，英菲尼迪 QX30、奥迪 Q2、新 MINI COUNTRYMAN 等。部分品牌将大型或旗舰版本导入中国市场，成为高端市场的补充，如林肯 Continental、现代 Genesis G90、雷诺塔利斯曼、阿尔法罗密欧 Giulia 等全新车型，以及奥迪新 R8，宝马 5 系 GT，保时捷新 Panamera、新卡宴等换代车型。从车身级别看，进口新产品仍以中型至大型车为主，中大型车在引入的新产品中占比超过 70%；紧凑型产品有 8 款，其中紧凑型 SUV 占了 5 款，紧凑型轿车引入的新产品相较往年大幅减少；同时，因为个性化消费需求的增加，小型和微型车持续引入，以小型 SUV 和纯电动轿车为主。

从品牌看，豪华品牌占比超过四分之三，仍是进口新产品主力。同时，新能源和旅行版继续稳步导入，其中纯电动产品有 Smart Cabrio EV、Forfour EV、英菲尼迪 LE 等 5 款；混动产品有讴歌 MDX 混动、宝马 740Le 插电混动等 4 款；旅行车有奔驰 E 级 All Terrain 等 2 款。

主要受进口车国产化因素的影响，2016 年四季度至 2017 全年，引入的进口车产品真正上量的车型有限，多是“个性化”、“小众化”车型，新产品拉动市场的力度也将持续减弱，引入的车型主要起到市场补充的作用。

图表 41　2016 年四季度及 2017 进口车新产品（不完全统计）

品牌/车型	上市时间	所属细分市场	换代/新品
奥迪/新 R8	2016 年年底	大型豪华轿车	换代
奥迪/新 A5	2017 年初	中型豪华轿车	换代
奥迪/新 A7	2017 年初	中大型豪华轿车	换代
奥迪/Q2	2016 年年底	小型豪华 SUV	全新
奥迪/Q7 E-tron	2017 年 1 月	中大型豪华 SUV	增添版本
奥迪/TT RS	2017 年	小型豪华轿车	换代
奥迪/RS3	2017 年下半年	中型豪华轿车	全新
奥迪/S5 Coupe	2017 年初	中型豪华轿车	换代
宝马/X2	2017 年	小型豪华 SUV	全新
宝马/新 M5	2017 年初	大型豪华轿车	换代
宝马/5 系 GT	2017 年	大型豪华轿车	换代
宝马/740Le 插电混动	2016 年年底	大型豪华插电混动轿车	增添版本
奔驰/GLC Coupe	2016 年 11 月	紧凑型豪华 SUV	全新
奔驰/GLA Coupe	2016 年 11 月	小型豪华 SUV	全新
奔驰/E 级 All Terrain	2017 年	中大型豪华 Wagon	全新
奔驰/E63 AMG	2017 年	大型豪华轿车	换代
奔驰/GL R Coupe	2017 年下半年	大型豪华 SUV	增添版本
雷克萨斯/LF-LC Coupe	2017 年	中大型豪华轿车	全新
雷克萨斯/RX 跨界版	2017 年	大型豪华 SUV	增添版本
雷克萨斯/LS	2017 年	大型豪华轿车	换代
保时捷/Panamera	2017 年	大型豪华轿车	换代
保时捷/卡宴	2017 年	大型豪华 SUV	换代
玛莎拉蒂/总裁	2017 年下半年	大型超豪华轿车	全新
MINI/MINI COUNTRYMAN	2016 年年底	紧凑型豪华 SUV	换代
阿尔法•罗密欧/Stelvio	2017 年年底	中大型豪华 SUV	全新
阿尔法•罗密欧/Giulia	2016 年年底	大型豪华轿车	全新
路虎/发现 5	2016 年年底	中大型豪华 SUV	换代

品牌/车型	上市时间	所属细分市场	换代/新品
捷豹/XF Sportbrake	2017 年	中大型豪华 Wagon	增添版本
林肯/Continental	2016 年 11 月	大型豪华轿车	全新
英菲尼迪/QX30	2016 年 11 月	紧凑型豪华 SUV	全新
英菲尼迪/LE	2017 年	紧凑型纯电动轿车	全新
讴歌/NSX	2016 年年底	大型豪华轿车	全新
讴歌/MDX	2017	中大型豪华 SUV	换代
讴歌/MDX 混动版	2017	中大型豪华混动 SUV	增添版本
Smart/全新 Fortwo 敞篷版	2016 年年底	微型豪华轿车	增添版本
Smart/CabrioEV	2017 上半年	微型豪华纯电动轿车	增添版本
Smart/ForfourEV	2017 上半年	微型豪华纯电动轿车	增添版本
Jeep/牧马人	2017 年	紧凑型 SUV	换代
现代/Genesis G90	下半年	中大型豪华轿车	全新
现代/FS	2017 年	中大型轿车	全新
现代/新雅尊	2017 年	中大型轿车	换代
现代/AE ionic	2017 年	中型纯电动轿车	全新
雪佛兰/Bolt EV	2017 上半年	小型纯电动轿车	全新
雪佛兰/新 Camaro	2017 年	中型轿车	换代
沃尔沃/V90	2017 年	中大型豪华 Wagon	全新
斯巴鲁/VIZIV FUTURE	2017 年	中大型 SUV	全新
克莱斯勒/新大捷龙	2017 年	中型豪华 MPV	换代
铃木/IGNIS	2017 年	中型 SUV	全新
雷诺/E Space	2016 年年底	紧凑型 SUV	全新
雷诺/SCENIC	2016 年年底	紧凑型 MPV	换代
雷诺/塔利斯曼	2017 年	中大型轿车	全新
本田/思域 TYPE-R	2017 年年底	紧凑型轿车	全新
三菱/帕杰罗 · 劲畅	2017 年	中大型 SUV	换代
三菱/欧蓝德插电混动	2017 年	紧凑型混动 SUV	增添版本

注：新产品*包括全新产品、换代产品和新增排量、新增车身形式，不包括年款车型、增加配置和限量版等

（二）2016-2017 年市场预测

1、 总量预测：2016 年进口车市场主要受去库存和国产化的影响，呈现“供需双降”局面，预计全年销售 110 万辆，同比下滑 3%。展望 2017 年，面对购置税优惠政策是否延续的不确定性，预计全年销售 109 万辆左右，与 2016 年基本持平或小幅下滑

2016 年进口车市场在去库存和车型国产化影响下，预计进口量和销量全年同比仍将下滑。

从供给层面看，一方面进口车行业去库存进程仍在继续，海关进口量尽管经过七个季度的下滑，但仍处于 2012 年以来的库存高点，考虑到 2016 年第二季度和第三季度进口量下滑幅度分别只有 2.3%和 3.3%，四季度有望终止下滑趋势。另一方面，Jeep 指南者、路虎发现神行、凯迪拉克 SRX 等车型的国产仍对市场整体产生着影响因素。由此预计，进口车市场难言企稳。

从需求层面看，在购置税优惠政策、国五排放标准实施等政策推动下，以及受进口车型国产化、经济下行压力等不利因素影响，进口车前三季度累计需求继续下滑，但降幅有所收窄。1.6L 以下车型购置税优惠政策对于进口车市场需求的刺激也有所体现，2016 年前三季度 1.6L 以下车型销量占比达到 15%，相比 2015 年 1.6L 以下车型销量占比 11.7%有 3.3 个百分点的提升。预计全年销售 110 万辆，同比下滑 3%。

图表 42 进口乘用车及 1.6 升以下乘用车市场发展

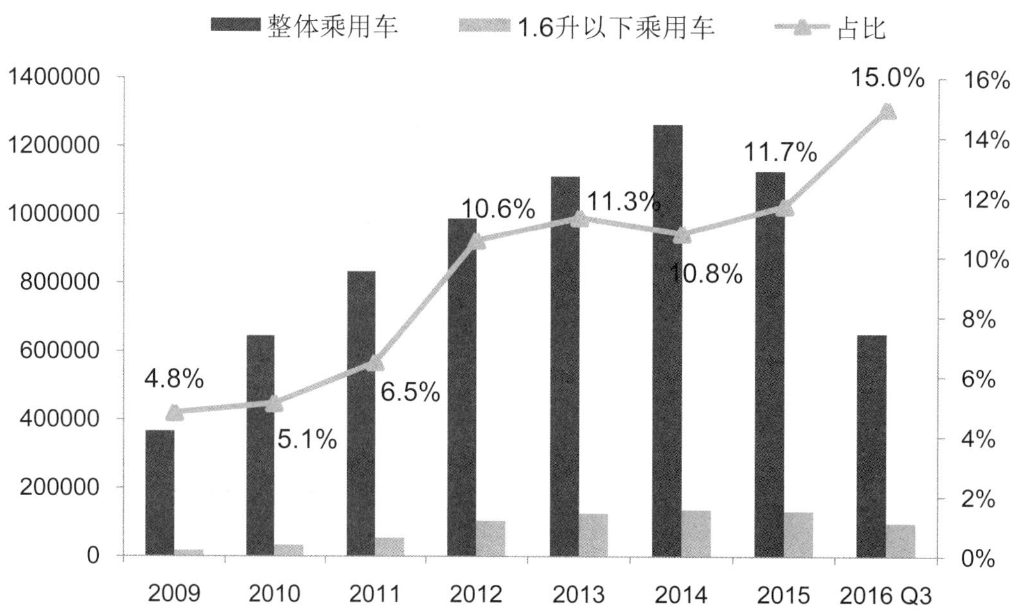

在 1.6 升以下车型的带动下，同时去年三季度基数较低，2016 年第三季度进口车市场增长 8.1%。预计四季度进口车销量延续增长态势。

图表 43　2015-2016 年进口乘用车及 1.6 升以下乘用车市场增速比对-分季度

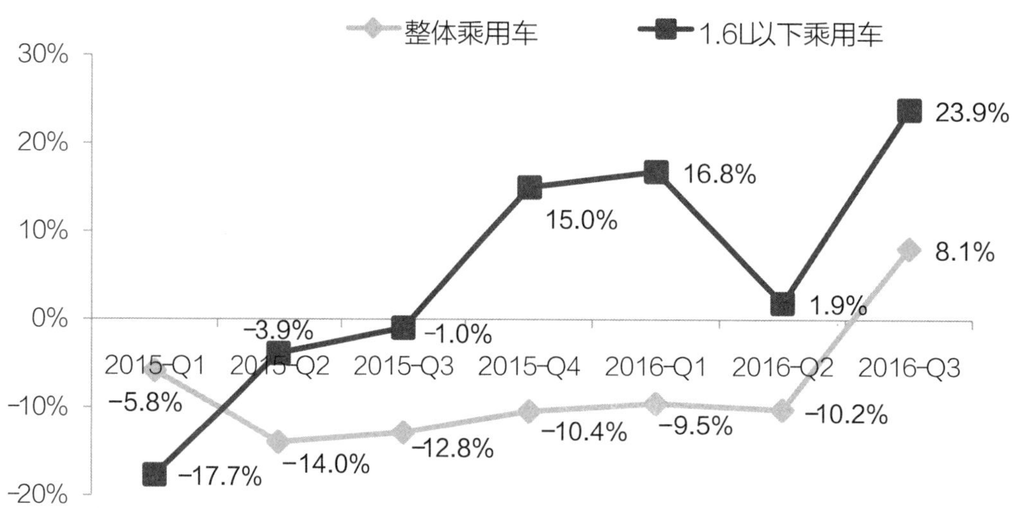

1.6 升以下车型购置税减半的优惠政策自 2015 年 10 月 1 日正式实施，将于 12 月 31 日到期，2017 年该项政策是否延续仍存在不确定性。此外，进口车型的国产化进程仍在继续，如宝马 X3 或将在 2017 年国产。2016 年开始国产的 Jeep 指南者、自由客、凯迪拉克 SRX 对 2017 年的市场影响仍在延续。

展望 2017 年，面对购置税优惠政策是否延续的不确定性，预计全年销量将保持在 109 万辆左右，与 2016 年基本持平或小幅下滑。

图表 44　2009-2015 年中国进口汽车市场发展与 2016-2017 年预测

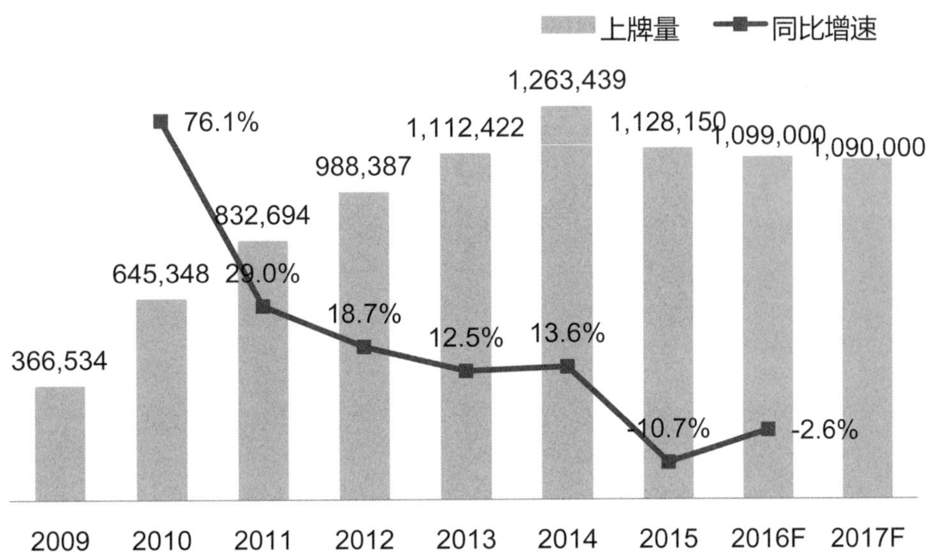

2、 品牌结构：奔驰、宝马、雷克萨斯三个品牌稳居第一阵营的局面已形成，以保时捷、奥迪、大众、路虎、林肯为代表的第二阵营的竞争将愈发激烈

细分市场的产品和竞争态势决定着进口车的品牌格局。从单一品牌来看，市场呈现分化趋势，形成了以奔驰、宝马、雷克萨斯组成的第一阵营，及以保时捷、奥迪、大众、路虎、林肯等品牌为代表的第二阵营。两大阵营品牌间的竞争日趋激烈。

从品牌来源国看，欧系品牌的主力地位无法动摇，新产品的竞争力持续加强，未来份额有望小幅扩大。其中，德系品牌的进口量保持稳定，新车型继续向紧凑级、个性化细分市场拓展。

日系品牌虽有英菲尼迪和讴歌的国产，但雷克萨斯仍未有国产计划，其进口车型增长在未来一定时期内还将持续，有利于拉动日系份额的进一步恢复。未来随着日系主要品牌新品导入速度的加快、本地化市场营销和品牌差异化竞争推广的加强以及混动车型销量稳健的增长，日系的竞争地位有望加强，产品优势将进一步发挥。

美系品牌以 SUV 车型为主，随着 Jeep、福特、凯迪拉克等品牌加快国产化步伐，更多“量销”SUV 国产，美系整体份额将有所回落。

3、 车型结构：从三大车型看，因 SUV 持续受国产化的影响，进口 SUV 市场占有率提升空间有限；轿车或因新产品投放带来份额的一定提升。从车型分级看，小型化将主导未来趋势，因小排量带来的 C 级产品市场份额提升的局面将不会延续

2016 年 1-9 月，SUV 占比下降，总计进口 43.7 万辆，同比下降 12.5%，市场份额下降到 59.1%。2016 年 1-9 月，受中小排量车型国产化、大排量车型平行进口量增加等因素影响，3.0L 以下份额为 91.7%，较 2015 年下滑 1.4 个百分点。

2017 年，随着路虎第五代发现、奥迪 Q2、奔驰 GLC Coupe、英菲尼迪 QX30 等新车型的上市及奔驰 GLS 等新车型销量增多，SUV 的市场份额和主导地位将保持稳定。但同时，SUV 产品国产化速度加快、品种增多，部分 SUV 产品跳过进口步骤直接进入国产化，因此进口中型及紧凑型 SUV 的市场份额将萎缩。整体来看，进口 SUV 市场占有率提升空间有限。

图表 45　2012-2016 年 6 月进口 SUV 排量结构变化

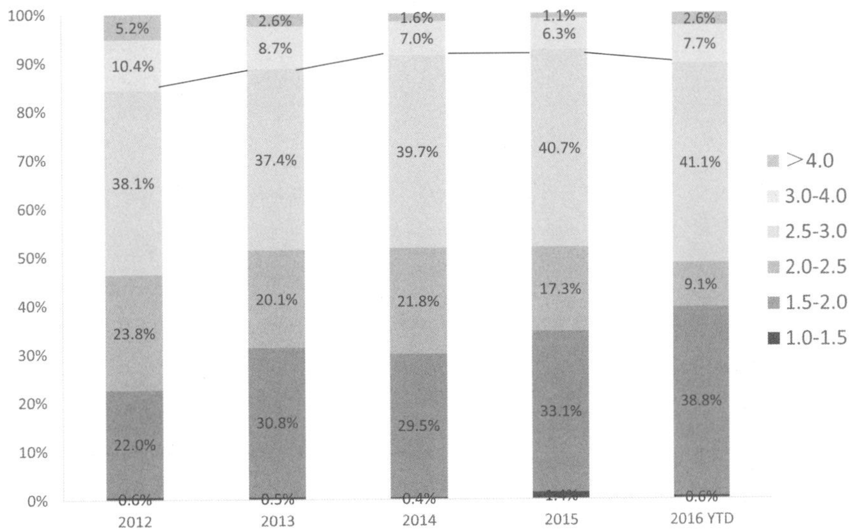

2016 年 1-9 月，轿车进口 27.3 万辆，同比增长 3.5%，是三大车型中的唯一增长车型，主要得益于新上市产品的拉动。2016 年四季度至 2017 年，随着林肯 Continental、沃尔沃 S90、现代 Genesis G90 等新车型的陆续上市，轿车市场份额仍有提升空间。

从进口汽车市场发展来看，随着节能减排法规的日趋严格，以及人们降耗、环保意识的日益增强，在《乘用车企业平均燃料消耗量核算办法（CAFC）》等政策推动下，跨国汽车厂商纷纷推出小型化策略，进口汽车排量结构也将随之继续下移。长期来看，小型化仍将主导未来趋势，但未来一段时间内，小排量带来的 C 级产品市场份额将因为新产品的持续投放得以延续。

另一方面，随着“量销”车型的国产化，中国进口车市场定位将回归到市场补充为主，个性、小众车型细分市场显示出增长潜力，由于高端个性化车型价格较高，市场需求总量有限，加之达不到国产化的规模，未来一段时间内小众车型仍将是进口车市场的重要支撑。

4、 排量结构：在政策、市场的双驱动下，进口汽车排量结构将继续下探，1.5-2.0L排量区间车型及混合动力车型引入速度进一步加快

根据工信部等五部委于 2016 年 10 月 18 日公示的 2015 年度乘用车企业平均燃料消耗量情况，在 27 家进口乘用车企业中，达到 2015 年达标值的企业仅有 18 家企业，与 2014 年持平。中短期来看，目前进口汽车总经销商仍需继续采用增加新能源车辆进口及排量下调作为主要手段来应对《乘用车企业平均燃料消耗量核算办法》。因此小排量、纯电动及混合动力车型的发展趋势将延续，同时大排量进口车必将面临更加严峻的市场考验，进口车排量结构整体还将继续下移。

2016 年 1-9 月，进口车市场 3.0L 以下排量区间份额达到 91.7%，排量区间下移特征延续。能上量的 C 级 SUV，如宝马 X5、奥迪 Q7 等车型均不断开始进入 1.5-2.0L 排量区间。受平行进口影响，3.0L 以上排量区间虽在 2016 年 1-9 月份额有所增长，但以保时捷 Macan、路虎发现 5 等为代表的 3.0L 以下区间车型逐渐上量或即将上市，同时美规宝马 X5、美规路虎揽胜、揽胜运动等车型调回 3.0L 以下区间，因此 2017 年 3.0L 以下排量区间预计将维持稳步增长。

从消费者即需求端角度看，一方面，中国汽车消费文化正逐步成熟，消费者对于大排量汽车的盲目需求正趋于理性；另一方面，随着政府、媒体及厂家宣传的深入，消费者也能够更好地接受进口低排量区间及进口新能源汽车产品。

从产品投放即供给端角度看，跨国汽车公司在不断加快引入混合动力车型乃至纯电动车型的速度，其中进口纯电动车型和插电式混合动力车型也在逐步进入《免征车辆购置税的新能源汽车车型目录》，如大众 E-UP!、奥迪 A3 和大众 Golf GTE 在 2016 年 6 月份已进入第八批免购置税新能源车目录，有利于此类车型的市场推广与销售，从而带动进口汽车排量结构的进一步下探。

5、 价格趋势：以价换量成为市场普遍现象，进口汽车市场终端价格优惠幅度较大的局面短时期内无法改变

2016 年 9 月，进口汽车行业库存仍处高位，达到 3.78 个月。虽然三季度开始由于季节因素终端销售降幅或将进一步收窄，但从市场整体情况看，高库存、弱需求的市场形势没有根本转变，平行进口构成对中规车市场一定程度的冲击，进口汽车将继续进行降价促销，以价换量。

与此同时，进销差价倒挂已成为市场普遍现象，进口汽车经销商经营压力继续增大，部分经销商在厂家商务政策给予的返点基础上，通过自行增加优惠幅度来换取资金的流动并力争维持库存深度不再增加；同时部分大型经销商集团应资本市场需求，将销量定为第一目标，从而不断采取大幅现金让利的销售措施。

6、 平行进口：市场规模将进一步扩大，占比将继续提升。控制试点企业数量，提高试点企业经营水平，建立及完善试点企业的退出机制将成为下一阶段工作重点

2016 年 1-9 月，平行进口已达进口汽车市场的 11.4%。随着《平行进口汽车认证管理要求（试行）》、《关于开展汽车平行进口试点保税仓储业务的通知》等一系列政策的出台与实施，以及辽宁、浙江、河南、湖北、重庆、四川、陕西等 7 省市自贸试验区的设立，以及平行进口试点省市范围的进一步扩大，市场规模将进一步扩大，占比将继续提升，预计 2017 年在进口汽车市场中的份额有望达到 15%左右。

与此同时，控制汽车平行进口试点企业数量，提高试点企业经营水平，建立及完善试点企业的准入与退出机制，将成为部委及区域政府部门加强市场监管的工作重点。

（三）未来五年发展趋势

1、 市场规模：展望“十三五”期间进口汽车市场的发展，市场供给仍将是决定因素。随着量销车型的国产化，进口车供给将大幅减少，市场规模逐步下降，预计 2020 年进口车市场规模在 90 万辆左右

在进口车型国产化不断推进的大背景下，进口车需求不旺，2016 年中国进口汽车市场持续“供需双降”局面。自 2014 年以来，国产化进程不断加快、加深，预计 2016

年进口汽车市场进口占比将会继续降低至 4.5%左右。

展望“十三五”期间的进口汽车市场发展，市场供给仍将是决定因素。随着绝大部分 A、B 和 C 级车型的国产，A 级以下，C 级 SUV 和D 、E 级轿车将成为主要进口产品，进口供给将大幅减少。由此预计 2020 年，进口车市场规模保持在 90 万辆左右，占比降至 3%左右。

图表 46　2005-2020 年中国进口乘用车进口量占国产乘用车产量比重

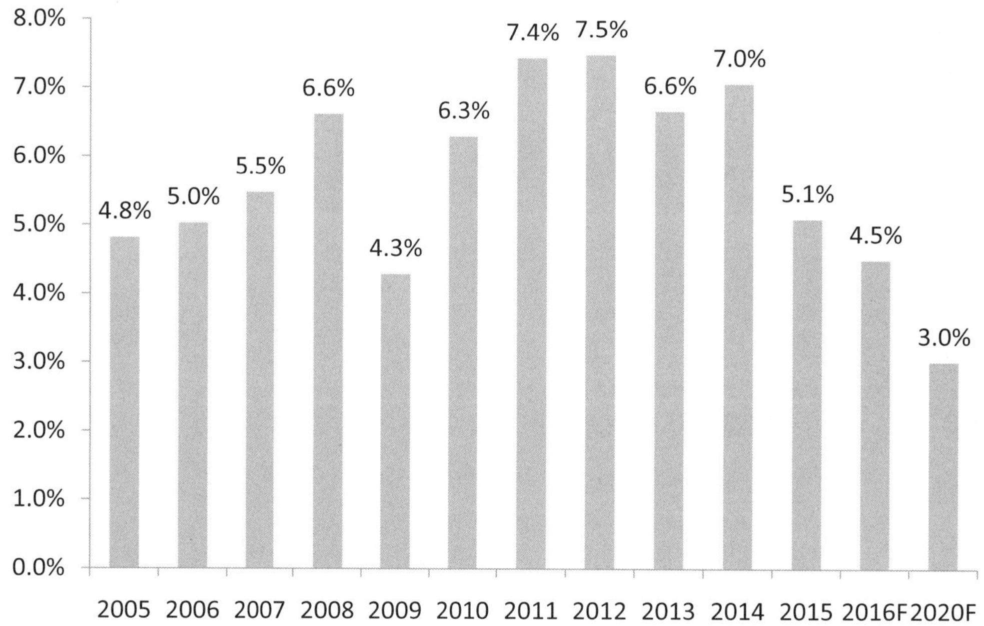

2、 产品供给：跨国汽车厂商将加大产品结构的调整，加快小排量、混合动力和柴油版车型的导入，以实现企业平均燃油消耗量下降；顺应国家产业导向，充分利用鼓励性政策，短期以 PHEV 产品的引入为主，中长期主要引入纯电动产品

小排量、混合动力和柴油版车型的导入： 2015 年发布的《关于加强乘用车企业平均燃料消耗量管理的通知》明确指出，按照国家节能和新能源汽车发展规划要求，2020 年我国生产的乘用车平均燃料消耗量要降至 5.0 升/百公里，平均油耗不能达标的车企将被公开通报、暂停新产品申报、暂停新建企业和扩大产能项目的审批等处罚措施。而根据工信部等五部委 2015 年度乘用车企业平均燃料消耗量情况，在 27 家进口乘用车企业中，达到 2015 年达标值的企业仅有 18 家企业，与 2014 年持平。要想在 2020 年达到企业平均燃油消耗量标准，短期来看，进口汽车总经销商仍需继续采用增加新能源车辆进口、排量下调和柴油版车型的导入作为主要手段来应对《乘用车企业平均燃料消耗量核算办法》。从进口汽车产品层面，排量下移趋势愈加明显，以奥迪 Q7 为代表 C 级 SUV、以即将发布的沃尔沃 S90 为代表的 D 级轿车，都采用 2.0T 即相对其上一代型号排量更小的发动机。从技术层面，各厂商的技术已经普遍实现了在更低排量的情况下实现以前更大排量发动机相同动力参数的表现。技术的进步也将带来更多的消费者对于小排量车型的认可，同时，消费者对于小排量、混合动力车型接受程度也将伴随着汽车消费文化的进步而提升，同样能够为小排量、混合动力和柴油版车型的导入创造消费市场。

新能源车型的发展：随着公众环保意识不断加强，尤其是政府对新能源汽车发展的激励政策，新能源汽车将在未来五年内持续增长。2015 年，工业和信息化部正式发布《<中国制造 2025>重点领域技术路线图（2015 年版）》，提出纯电动和插电式混合动力汽车是国内未来重点发展的方向之一，新能源汽车产业未来十年发展路线图已经绘就。该路线图显示，随着新能源汽车在家庭用车、公务用车和公交客车、出租车、物流用车等领域的大量普及，2020 年中国新能源汽车的年销量，将达到汽车市场需求总量的 5% 以上，2025 年增至 20%左右。同时，中国汽车工程学会 2016 年 10 月发布的《节能与新能源汽车技术路线图》中更是明确了 2030 年，新能源汽车占总体汽车销量 40%，完全自动驾驶汽车占比 10%等目标。而为了加速上述目标实现，工信部正在会同相关部门研究对节能汽车、新能源汽车相关政策的优惠，包括对 1.6 升节能汽车购置税减免政策的延续，新能源汽车相关补贴政策的优化调整等。其它政策层面，2016 年 9 月，工信部同时发布了《企业平均燃料消耗量与新能源汽车积分并行管理暂行办法(征求意见稿)》，一旦正式执行，也将成为新能源汽车产业的重要利好政策。对于进口新能源汽车的发展层面，2016 年，大众 E-UP!、奥迪 A3 和大众 Golf GTE 等进口新能源车也已进入第八批免购置税新能源车目录，未来或将有更多的进口新能源汽车享受到政策利好。另一方面，进口汽车客户群体相对较高的平均收入水平也有利于对新能源汽车的接受度的提升。厂商战略层面，2016 年，奔驰发布了全新电动车品牌 EQ，其它多家厂商战略中都明确提出了加强电动车和电池发展。因此从技术层面来看，短期内将以 PHEV 产品的引入为主，中长期重点仍将是纯电动产品的引入。整体来看，未来五年，厂商将更加注重新能源产品的引入，其在进口车产品组合中的比重也将加大。

图表 47　2015/2016 年 1-9 月进口新能源乘用车进口量

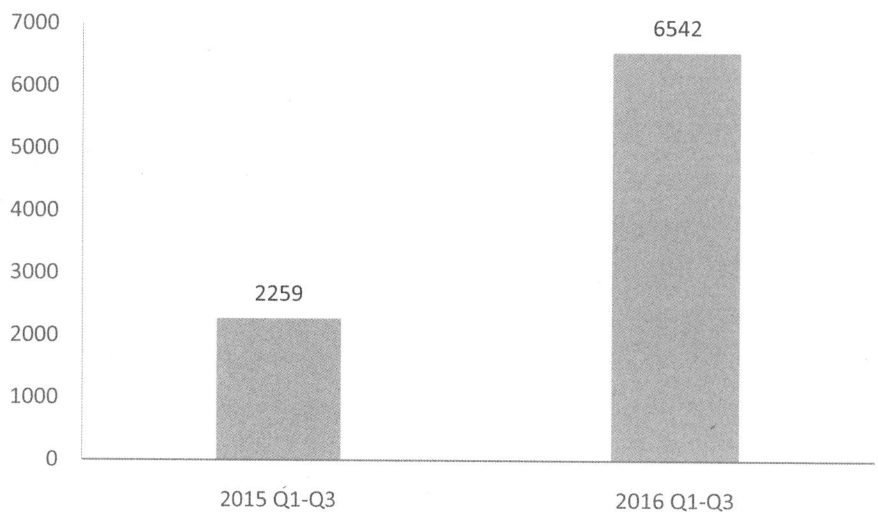

新、奇、特产品成为有益补充：随着近年来进口车市场不断发展和进口车市场定位从“量化经营”向市场补充回归及消费者需求多样化的发展趋势，以 MINI、SMART、福特 F150 为代表的个性化、时尚化、小众化等车型也显示出增长潜力，尤其是新一代年轻消费群体的兴起和进口汽车消费者相对较高的平均消费水平和消费持续升级的态势，都将进一步促进汽车个性化细分市场的发展。

3、 市场需求：随着经济发展与消费升级，高端化产品需求不断增长，消费者消费理念日趋成熟，未来进口汽车市场的发力点主要在车型消费升级、个性化需求、新能源汽车等方面

随着经济发展与消费升级，消费升级推动着高端化产品需求的增长。中国汽车市场中，豪华车比重逐年攀升，尤其是入门的豪华车型的热销。

从消费者角度来看，消费者在车型选择上更为个性化，消费理念也日趋成熟，自我认同意识越来越强，看重产品与个人形象的相关性，很大一部分消费者放弃追求“大车”，转而购买小而精致的豪华车汽车如进口的宝马 1 系，奔驰的 A 和 B 级车等或者进口的个性化车型，如 Coupe、MPV 等产品；另一方面消费者的外显型消费倾向越来越突出，希望通过新车来彰显自身的成就和品位。原有的购买帕萨特、雅阁等国产 B 级车消费者，会通过消费升级购买豪华品牌。

另外，环保理念逐步深入人心，新能源车消费从政策驱动过渡到个人需求驱动。从购买新能源车的动机来看，尼尔森调研发现有 42%的意向消费者出于废气排放少等环保因素，有超过四成的意向消费者出于新能源车的成本优势，仅有三成意向消费者出于补贴因素购车。尼尔森调查还发现，有近 33%的消费者认为“新能源车是未来趋势”，越来越多的消费者将来会选择新能源车。这对于没有价格补贴的进口新能源车是一个利好，促使车企有更大的动力来引入新能源产品，从而满足消费者日益增长的需求。从产品供给来看，各跨国汽车公司也加速布局中国新能源汽车市场。如大众集团新能源产品的研发布局方面，插电式混合动力和纯电动车型将成为重点规划的对象；奔驰 2016 年正式发布了全新的纯电动车子品牌“EQ”； BMW 未来全车系均将引入插电式混合动力技术，统一命名为“BMWiPerformance”。鉴于进口汽车对于品牌的市场引领和品牌形象塑造作用，预计未来将有更多的新能源汽车产品先期以进口方式进入中国市场。

尼尔森调研发现，年轻化、高知化和中产化成为新能源车意向消费者的主要特点，他们对互联网电动汽车也有较高的接受度。现有新能源汽车消费者中 52%在 31-40 岁，平均 35 岁，近六成为中高层管理人员和公司白领；但是平均家庭月收入超过 1 万元的比例达到 87%，平均为 3 万元，明显高于意向消费者。而在新能源汽车潜在购买用户中，80 后占比超过 5 成，74%为本科以上学历，平均家庭月收入也超过了 1 万元。这些年轻、高学历、高收入的消费者，未来将会成为新能源车销量的主要支撑。尼尔森进一步分析发现，PHEV 车型的意向消费者，更为年轻，收入更高，同时女性相对较多。这对于目前进口车市场引入 PHEV 车型不谋而合。随着特斯拉 Model 3 在 2018 年的引入，未来必将掀起新一轮的进口新能源车的销售热潮。

4、 平行进口：随着平行进口合规化相关政策的实施推进，平行进口车成本提升，价格优势弱化，预计平行进口车与正常进口车之间的价差将逐步缩小；新、奇、特产品将逐步成为未来产品的主要特征，市场份额回落至一成以内

平行进口车成本提升，价格优势弱化。在政策导向下，随着汽车平行进口合规化相关政策的实施推进，或将带来平行进口车成本的提高。同时，正常进口车型优惠持续加大，平行进口车的价格优势有所减弱。

图表 48 平行进口汽车发展阶段与趋势展望

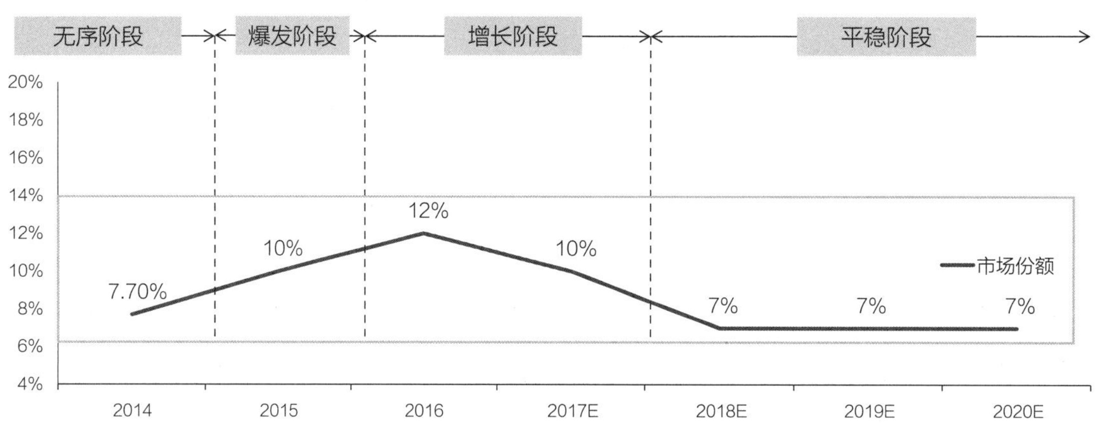

传统车型占比下降，非主力车型占比上升。2016 年前三季度，平行进口总量同比增长 5.1%，而占比最多的 C-SUV 同比反而下降 5.4%。这表明其他车型的进口量均有不同程度的增长。在 C-SUV 中，原有的主力车型 PRADO,LAND CRUISER,X5 和 CAYENNE 较 2015 年同期，均有大幅度的下降。其中，PRADO 车型的降幅达到 63%。同时，C-SUV 车型中，除进口量前八位之外的车型，总量同比增长 127%。

图表 49 2016 年前三季度 C-SUV 平行进口量

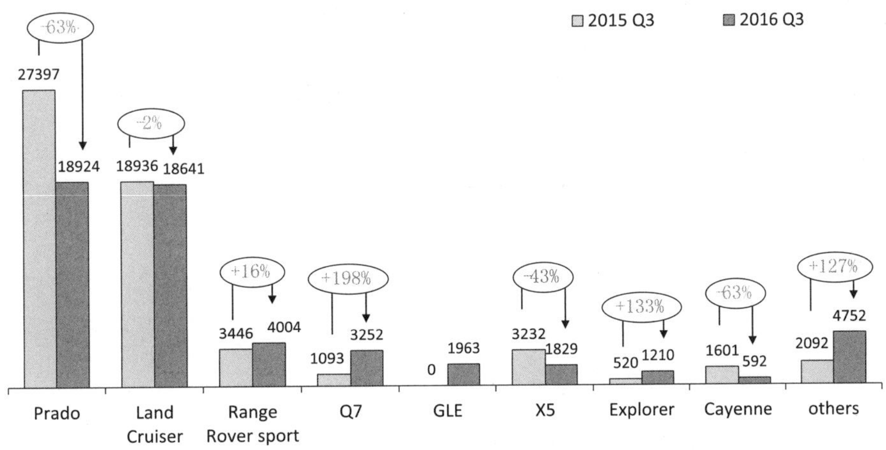

新、奇、特产品将逐步成为未来产品的主要特征。2016 年平行进口车型达到 135 个，其中，2016 年新增车型 18 个，新车型的进口速度和频率均快于往年。

图表 50　2016 年前三季度平行进口新车型汇总

	车型	首次进口日期（累计进口）		车型	首次进口日期（累计进口）
	BMW X3	2016.05（474）		NISSAN Pathfinder 2.5L Hybrid &3.5L	2016.06（176）
	BMW X4	2016.05（258）		HONDA ODYSSEY	2016.08（1）
	BENZ GLS450	2016.05（3718）		Jaguar XF	2016.09（8）
	BENZ METRIS	2016.05（173）		Bentley BENTAYGA	2016.09（0）
	Chevrolet CAMARO	2016.05（651）		BMW 730i & 740i	2016.06（154）
	BMW 528i	2016.06（340）			
	VW Tiguan 1.4T& 2.0T	2016.06（250）			

平行进口作为进口车市场有益的补充，参考美国、日本等平行进口汽车贸易比较成熟的市场，未来份额将保持在一成以内。

（正文完）

附录

2016 年主要政策法规汇编（截止到 2016 年 10 月 31 日）

国家认监委关于自贸区平行进口汽车 CCC 认证改革试点措施的公告

2015 年第 38 号

为落实国务院相关文件要求，加快推进自贸区认证认可制度改革创新，国家认监委决定进一步调整汽车产品强制性认证制度，开展自贸区汽车平行进口认证实施试点工作，现将有关措施公告如下：

一、放宽制造商授权文件要求

自贸区内开展平行进口汽车试点业务的企业，在已建立了完善的“三包”和召回体系情况下，CCC 认证申请时，可放宽提供原厂授权文件的相关要求。在认证过程中，指定认证机构须增加对认证申请人“三包”、召回能力和体系的检查工作。

二、调整认证模式

自贸区内开展平行进口汽车试点业务的企业，在经指定认证机构确认已对申请认证车辆的一致性实施有效管理情况下，可取消非量产车认证模式数量要求。指定认证机构应采取有效手段，加强获证后监督和核查工作，确保标准符合性和产品一致性。

三、简化工厂检查要求

自贸区内开展平行进口汽车试点业务的企业，如已有效保证进口车辆一致性，且在自贸区内仅进行标准符合性整改的（不包括车辆结构性改装），在符合产业政策、海关和检验检疫相关规定的前提下，可视情况仅对其在自贸区内的改装场所进行 CCC 认证工厂检查。

本公告自 2016 年 1 月 1 日起实施。

国家认监委
2015 年 12 月 28 日
（此件公开发布）

关于实施第五阶段机动车排放标准的公告

公告 2016 年 第 4 号

为贯彻《中华人民共和国大气污染防治法》，严格控制机动车污染，全面实施《轻型汽车污染物排放限值及测量方法（中国第五阶段）》（GB18352.5-2013）和《车用压燃式、气体燃料点燃式发动机与汽车排气污染物排放限值及测量方法(中国Ⅲ、Ⅳ、Ⅴ阶段)》（GB17691-2005）中第五阶段排放标准（以下简称国五标准）要求，经国务院同意，现就有关事宜公告如下：

一、根据油品升级进程，分区域实施机动车国五标准。

（一）东部 11 省市（北京市、天津市、河北省、辽宁省、上海市、江苏省、浙江省、福建省、山东省、广东省和海南省）自 2016 年 4 月 1 日起，所有进口、销售和注册登记的轻型汽油车、轻型柴油客车、重型柴油车（仅公交、环卫、邮政用途），须符合国五标准要求。

（二）全国自 2017 年 1 月 1 日起，所有制造、进口、销售和注册登记的轻型汽油车、重型柴油车（客车和公交、环卫、邮政用途），须符合国五标准要求。

（三）全国自 2017 年 7 月 1 日起，所有制造、进口、销售和注册登记的重型柴油车，须符合国五标准要求。

（四）全国自 2018 年 1 月 1 日起，所有制造、进口、销售和注册登记的轻型柴油车，须符合国五标准要求。

二、汽车生产、进口企业作为环保生产一致性管理的责任主体，应按新修订的《大气污染防治法》和有关规定，向社会公布其生产、进口机动车车型的排放检验信息和污染控制技术信息，检验合格方可出厂销售，确保实际生产、销售的车辆达到排放标准要求。

三、环境保护部会同有关部门依法开展机动车环保达标监督检查，对新生产、销售不符合排放标准要求车辆的，严格依法处罚；并积极配合有关部门加强车用燃油管理，推动油品升级，确保燃油质量。

本公告自发布之日起实施。

环境保护部

工业信息化部

2016 年 1 月 14 日

关于进一步推进成品油质量升级及加强市场管理的通知

发改能源[2016]349 号

各省、自治区、直辖市人民政府，有关企业：

为应对日益严峻的大气污染防治形势，减少机动车尾气污染排放，党中央、国务院高度重视，相继出台《大气污染防治行动计划》等系列政策措施，并部署开展加快成品油质量升级国家专项行动。总体上看，目前相关工作进展顺利。《普通柴油》等五项国家标准已批准发布；国Ⅵ车用汽、柴油强制性标准正加紧编制；国Ⅴ标准车用汽、柴油如期向东部地区 11 省市提前供应；全国范围全面供应国Ⅴ油品的筹备工作也在有序实施。但与此同时，随着油品升级步伐加快，"低品油退市难"问题正日渐突出，尤其是普通柴油违法销售给机动车，造成车用柴油销售不畅，影响了油品升级减排成效，扰乱了市场秩序。此外，部分地方炼厂升级改造滞后、不合格油品生产流通、各地执法标准不一等问题也亟待解决。

为进一步落实《大气污染防治法》和加快成品油质量升级国家专项行动有关要求，规范成品油市场秩序，营造公平竞争的市场环境，保护守法企业和消费者权益，现就有关事项通知如下：

一、严格按时限停售低标准油品

（一）2016 年 1 月 1 日起，东部地区 11 省市全面供应国Ⅴ标准车用汽油（含 E10 乙醇汽油）、车用柴油（含 B5 生物柴油），同时停止区域内加油站（点）销售低于国Ⅴ标准车用汽、柴油。

（二）2017 年 1 月 1 日起，全国全面供应符合国Ⅴ标准的车用汽油（含 E10 乙醇汽油）、车用柴油（含 B5 生物柴油），同时停止国内销售低于国Ⅴ标准车用汽、柴油。

二、规范成品油流通管理

（三）严禁炼油企业将不符合现行国家标准的成品油以其他产品名义销售给成品油批发、零售企业。

（四）严禁成品油批发、零售企业从无成品油批发经营资格的企业购进成品油，严禁成品油批发企业向不具有成品油经营资格的企业销售用于经营用途成品油。

（五）严禁向汽车和摩托车销售普通柴油以及其他非机动车用燃料。

（六）规范加油站（点）产品标示，按法规要求明确标注所售汽、柴油产品名称、牌号和等级（如：0 号普通柴油，92 号汽油(Ⅴ)，0 号车用柴油(Ⅳ)），便于消费者选择、政府监管和社会监督。

（七）各地方政府职能部门完善相关制度，实现加油站车用汽、柴油封闭销售，除农村加油站（点）及水上加油站（点）外，加油站不得销售普通柴油。

（八）各地方政府组织公安、环保、商务、海关、税务、工商等部门依据各自职能，严格成品油批发、零售资质审核，依法严格查处个别不法企业非法调和油品、销售伪劣油品、走私油品、相关证照不齐、产品标示不全、向汽车或摩托车销售普通柴油等行为，加强成品油税收管理，依法查处偷逃成品油消费税及违规退税行为，严厉打击成品油领域涉税违法犯罪活动。

三、加强炼厂质量升级和生产监管

（九）中央及地方炼油企业（以下简称炼油企业）必须严格按照国家有关政策时限要求，实施成品油质量升级改造，保障清洁油品市场供应。

（十）炼油企业必须依据国家现行质量标准组织成品油生产，未取得工业产品许可证、不符合现行国家标准的成品油产品不得出厂。

（十一）国家能源局派出机构会同当地能源主管部门等单位继续深入开展成品油质量升级专项监管，有效促进企业如期完成升级改造；各炼油企业按季度向相关派出机构报送升级改造、成品油生产情况等信息。

（十二）各地质检部门督促炼油企业强化出厂检测，确保出厂成品油质量，同时加大对生产企业汽、柴油产品质量监督抽查力度，重点查处汽、柴油不符合国家强制性标准、虚高标号等违法行为。

四、落实相关管理责任

（十三）各省（区、市）政府应切实贯彻国务院关于开展加快成品油质量升级国家专项行动有关精神，全面落实《大气污染防治法》及前述要求，加紧制定专项行动方案，健全工作机制，加强统筹协调，明确部门职责，逐项拆解任务，启动相关工作，并按季度向国家能源局报送进展。要畅通信息举报途径，做到“有疑必查、有举必究”；要加强信息共享，大力开展联合执法和联合惩戒，做到“一处违法、处处受阻”；要建立黑名单制度，定期向社会公布油品质量抽查不合格的成品油生产和销售企业。

（十四）下一步，将按照大气污染防治考核机制进行考核评价，并根据国务院统一部署适时督查。对于工作开展不力的，将依法依规严格问责。

国家发展改革委

公 安 部

财 政 部

环境保护部

商 务 部

国 资 委

海 关 总 署

税 务 总 局

工 商 总 局

质 检 总 局

国家能源局

2016 年 2 月 17 日

商务部等 8 部门关于促进汽车平行进口试点的若干意见

商建发[2016]50 号

天津市、上海市、福建省、广东省、深圳市商务、工业和信息化、公 安、环境保护、交通运输、海关主管部门，各相关直属检验检疫局：

在自由贸易试验区（以下简称自贸试验区）开展汽车平行进口试点，是推进汽车领域供给侧结构性改革，加快汽车流通体制创新发展，激发汽车市场活力的重要举措。为落实国务院有关决策部 署，加快推动汽车平行进口试点各项政策措施落地，促进试点工作取得实效，现提出如下意见：

一、简化汽车自动进口许可证申领管理制度。平行进口汽车试点企业（以下简称试点企业）进口汽车和建立分销网络无需获得 汽车供应商授权，可以按照经营活动实际需求，申领汽车产品自动 进口许可证。试点企业按自动进口许可证管理的相关规定，在进 口环节向海关交验许可证件，办理报关手续。

二、深化平行进口汽车强制性产品认证改革。平行进口汽车 必须符合国家有关安全、节能、质量标准和技术规范的强制性要 求，并获得国家法律法规规定的强制性产品认证（CCC 认证）。对 已建立了完善的家用汽车“三包”和召回体系的试点企业，可放宽 CCC 认证申请需提供原厂授权文件的相关要求；对已有效保证车 辆一致性的试点企业，可取消非量产车认证模式的数量要求；对符 合产业政策、海关和检验检疫相关规定、已有效保证车辆一致性且 在自贸试验区内仅进行标准符合性整改的试点企业，可视情况仅 对其在自贸试验区内的整改场所进行 CCC 认证工厂检查。

三、进一步提高汽车平行进口贸易便利化水平。优化平行进口汽车报关、通关、查验等流程，提高通关效率，降低通关成本。优 化平行进口汽车审价机制。在经批准进行汽车平行进口试点的自 贸试验区，允许试点企业在海关特殊监管区域内开展汽车整车保 税仓储业务，期限为 3 个月，不得延期。

四、积极推动平行进口汽车环保和维修信息公开。试点企业要按照《大气污染防治法》及《汽车维修技术信息公开实施管理办 法》等有关规定，向社会公布其进口车型的机动车污染控制技术信息、排放检验信息和有关维修技术信息，同时应注明符合我国排放 标准的阶段水平。不得进口和销售达不到我国现行排放标准的车辆。

五、加强平行进口汽车注册登记管理服务。各地公安部门在办理进口汽车注册登记时，要严格执行《机动车运行安全技术条 件》(GB7258)等国家安全技术标准，重点检查平行进口汽车车辆识别代号、产品标牌、里程表、外部灯具和信号装置等。对发现的不符合国家标准的平行进口汽车产品，不予办理注册登记，并通报当地商务、检验检疫等部门。对符合规定的，要优化服务、提高效率，方便快捷予以办理。

六、重点加强质量追溯和售后服务体系建设。试点企业是平行进口汽车产品质量追溯的责任主体，依法履行产品召回、质量保 障、售后服务、家用汽车“三包”、平均燃料消耗量核算等义务。试点企业要增强售后服务保障能力，切实保障消费者合法权益。要通过自建、资源共享、多渠道合作等多种方式，形成覆盖销售区域 的售后服务（含维修）网络，使消费者能够享有方便、快捷、有效的 售后服务。

七、切实加强监管。按照国务院有关文件要求，试点所在地人民政府要加强组织领导，明确责任主体，精心组织好试点工作，有 效防控各类风险。要将汽车售后维修保障能力、守法合规的信用 情况作为遴选试点企业的重要条件。要切实履行监管职责，创新 监管方式，建立健全相关管理规定，强化事中事后监管，确保试点工作规范有序进行。对违法违规经营行为依法加大查处力度，及 时取消违规经营企业试点资格，并做好相应善后工作。作出处理 决定的要录入企业信用档案，并向社会公布。

各试点地区要进一步提高认识，增强工作主动性、针对性和有效性，创新制度设计及机制建设，为试点工作创造有利的政策环境。要认真总结有益做法，尽快形成一批可复制、可推广的改革创新成果。试点工作进展情况要及时上报国务院有关部门。

商务部
工业和信息化部
公安部
环境保护部
交通运输部
海关总署
质检总局
国家认监委
2016 年 2 月 22 日

工业和信息化部 发展改革委 公安部关于开展放宽皮卡车进城限制试点促进皮卡车消费的通知

工信部联装[2016]68 号

河北省、辽宁省、河南省、云南省工业和信息化主管部门、发展改革委、公安机关交通管理部门:

按照中央城市工作会议和国务院专题会议相神，贯彻“创新、协调、绿色、开放、共享”五大发屣理念，坚持利前和惠长远相结合，破除不利于扩大消费的各种障碍，发展新型消费模式，推动消费结构升级，带动城乡皮卡车消费，工业和信息化部、发展改革委、公安部决定在河北、辽宁、河南、云南等省开展放宽皮卡车进城限制试点工作.现将有关事项通知如下:

一、充分认识试点工作的积极意义

皮卡车是一种客货两用汽车，在我国现行汽车标准体系中按 多用途货车生产管理，具有以下主要技术特征:一是设计和结构上主要用于运送货物，戴客人数不大于 5 人(含驾硬员)；二是具有长头车身和驾驶室结构（一半以上的发动机长度位于车辆前风窗玻璃最前点以前，或转向盘的中心位于车辆总长的前四分之 一部分之后〉；三是具有敞开式货车车厢；四是最大设计总质量不大于 3500 千克。

皮卡车在方便城乡居民承载工具、物品出行及域市物流配送 等方面有一定的使用优势，具有较大的市场发展潜力.目前，一 些城市实施限制货车进城管理措施，影响了皮卡车的使用便利 性，一定程度度上抑制了消费市场的发展。

选择部分省开展放宽皮卡车进城限制试点，不仅有利于扩大 皮车市场湞费，促进汽车产业和相关服务业发展，也有利于促进城市相关部门创新运输管理和现代物流模式，优化城市交通资源配置，同时，对推进新型城镇化建设、提高人民生活品质也具有积极惠义。

二、科学筹划，稳妥推进试点工作

试点省工业和信患化主管部门、发展改革委、公安机关交通 管理部门要加强和与对货车采取进城限制措施的城市相关部门沟通，深入调研，统筹规划，以中小城市为重点，确定试点城市及试点区域范围》,积极稳妥推进放宽皮卡车进城限制试点工作。

（一）编制试点方案。组织试点域市，结合本地城市中心区车辆流量、流向、流时以及成乡居民出行需求，明确皮卡车放宽通行的区域和时段等，研究制定取消或放宽对皮卡车进城限制的相关措施。试点方案应于 2016 年 3 月底前完成编制，报工业和信息化部、发展改革委、公安部备案.

（二）扒好贯彻落实。组织试点城市做好宣传工作，认其落实试点方案。组织试点城市相关部门密切跟踪政策实施情况，根据城市交通状况及时调整完善相关政策措施。

（三）做好试点效果评估工作。组织相关部门、行业专家对试点政策实施效果进行全面评估，综合分析城市交通状况、皮卡车消费市场及汽车消费市场发展交化等，并研究提出下一步工作方案.评估报告应及时报工业和信息化部、发展改革委、公安部。

三、加强监管，维护良好市场环境

工业和信息化主管部门应积极会同相关部门，加强对皮卡车产品质量的监管，试点车型必须符合国家相关标准，防止企业通过 过降低配置、以次充好等手段损害消费者权益，创造公平竞争环 境，引导汽车生产企业加大研发投入，加强技术改造和新产品开 发.推动皮卡车在安全性能、尾气排放等方面实行升级换代，增加节能环保、先进适用产品的市场供应能力，推动皮卡车消费市场健康可持续发展。

特此通知。

工业和信息化部
发展改革委
公安部
2016 年 2 月 22 日

工业和信息化部关于进一步加强汽车生产企业及产品准入管理有关事项的通知

工信部装[2016]95 号

各省、自治区、直辖市工业和信息化主管部门，有关汽车行业协会，各汽车生产企业：

为进一步完善汽车生产企业及产品准入管理体系，强化事中事后监管，保护消费者利益，保障道路交通安全，促进汽车产业健康可持续发展，现将有关事项通知如下：

一、推行企业诚信自律承诺制度

汽车生产企业应充分认识加强企业诚信体系建设的重要性和必要性，主动做出公开承诺并切实履行，依法依规组织生产经营，保证出厂销售的车辆符合国家法律法规和技术标准要求。

自 2016 年 4 月 1 日起，新建企业和申请变更企业在提交申请材料时，应在企业基本信息中设立专门章节，描述企业诚信体系建设及运行情况，并附《汽车生产企业诚信自律承诺书》（以下简称《承诺书》，式样见附件）。2016 年 7 月 1 日前，已公告企业应向工业和信息化部提交《承诺书》。《承诺书》应向社会公布，接受社会公众监督。

二、加强生产一致性管理

各汽车生产企业应认真落实《车辆生产企业及产品生产一致性监督管理办法》有关规定，编制、执行并适时调整《企业生产一致性保证计划》，保证生产和销售的汽车产品持续符合强制性标准法规要求，保证其产品有关技术参数、配置和性能指标与《公告》参数和《机动车出厂合格证》参数一致。应认真组织《企业生产一致性信息年报》的编制工作，如实、全面、准确地记录生产一致性管理所进行的工作和重要变更，对于发生的生产不一致情况应重点说明其原因、处理和追溯结果，以及采取的纠正和预防措施。2016 年 3 月 31 日前，各汽车生产企业应开展产品一致性专项自查，并编制自查报告。对于自查中发现的问题，应及时纠正并举一反三，采取切实有效的整改措施。

三、加强机动车出厂合格证管理

各汽车生产企业应进一步加强机动车出厂合格证管理，严格按照合格证管理相关规定规范机动车出厂合格证样式备案、制作、配发、重发以及合格证电子信息上传、修改、撤销等工作，确保合格证及其电子信息与实际车辆唯一对应且保持一致。对于配发机动车出厂合格证 48 小时内未及时传送合格证信息的，应提供情况说明，经合格证信息管理机构审核通过后，方可补传相应信息。各汽车生产企业应根据合格证管理相关规定及本企业具体情况，编制本企业合格证管理办法，并于 2016 年 7 月 1 日前向合格证信息管理机构备案。

四、发挥地方政府和行业协会监管作用

各级工业和信息化主管部门应建立完善车辆生产企业及产品准入许可的信息沟通和监管协调机制，加强事中事后监管体系建设。应加强对已公告车辆生产企业的监督检查，对辖区内车辆生产企业现场准入审核进行监督，对监督中发现的问题应及时报工业和信息化部。近期重点对汽车生产企业《企业生产一致性信息年报》编制情况、产品一致性专项自查情况、自查发现问题整改情况进行监督检查。

汽车行业协会应督促会员单位建立健全行业自律性管理约束制度，制订并组织实施行业职业道德准则和自律公约，组织开展行业内自查自纠和互相监督，加快推动汽车行业诚信体系建设，促进行业健康发展。

五、健全汽车生产企业失信和违法违规惩戒机制

根据国务院关于深化行政审批制度改革、加快建立企业信用信息系统的要求，工业和信息化部将建立汽车生产企业信用数据库和违法违规企业黑名单库。对于生产一致性不符合要求、不按规定传送合格证信息、虚假开具合格证、倒卖合格证等违法违规失信企业，将列入黑名单，依法进行处罚，并向社会公示。

附件:《汽车生产企业诚信自律承诺书》式样

工业和信息化部

2016 年 3 月 11 日

附件:

诚信自律承诺书

××公司　　（加盖公章）郑重承诺:

一、遵守国家法律、法规，依法依规经营。

二、真实、准确报送道路机动车辆生产企业及产品准入许可申报材料。

三、遵守道路机动车辆生产企业及产品准入许可相关规定，持续满足企业准入条件。

四、保证生产销售的车辆产品符合国家强制性标准要求，并与许可车型一致。

五、保证产品质保及售后服务符合国家相关法规、政策要求，以及本企业已明示的相关规定。

六、企业认为需承诺的其他事项（如没有，则删除此条）。

如违反以上承诺，我公司自行承担由此产生的一切后果和责任。

企业法定代表人签名（手签）:

年　　月　　日

交通运输部办公厅关于开展汽车电子健康档案系统建设试点工作的通知

交办运函〔2016〕207号

江苏、浙江、湖北交通运输厅，部公路院：

为贯彻落实《国务院关于积极推进“互联网+”行动的指导意见》(国发〔2015〕40号)和《机动车维修管理规定》(交通运输部令2015年第17号)要求，部委托交通运输部公路科学研究院(以下简称部公路院)研究制订了汽车电子健康档案系统建设总体方案，起草了系统建设系列标准，研发了试点版全国汽车电子健康档案系统平台和区域平台样板软件，为试点工作奠定了基础。为进一步验证和完善系统建设方案和相关标准，优化系统平台构架，经交通运输部同意，决定在江苏、湖北、浙江等地全省或部分地区以及相关汽车维修和生产企业，开展汽车电子健康档案系统建设试点工作，现将有关事项通知如下：

一、总体要求

根据部汽车电子健康档案系统建设的总体要求，以“互联网+”和科技创新为动力，以健全汽车维修数据档案、保障消费者合法权益为导向，坚持“统一部署、有序推进、政府主导、市场建设”的建设原则，“短、平、快”地进行系统建设方案、标准体系和系统软件的验证和完善，为在全国范围内推广应用汽车电子健康档案系统奠定基础。

二、试点目标

通过试点，形成真实、可靠、便捷的汽车维修数据采集技术方案及完善的数据共享机制，实现试点区域内各维修企业相关数据采集和区域平台与全国平台的互联互通，方便车主的查询，切实保障消费者的合法权益。做好系统建设关键标准制订，形成可复制、可推广的系统软件，为建设全国汽车电子健康档案系统积累经验。

三、试点承担单位及任务

(一)试点单位。

1.区域类试点：江苏省、湖北省、杭州市。

2.企业类试点：上海九易汽车服务有限公司、北京福田戴姆勒汽车有限公司、福特汽车(中国)有限公司。

（二）试点任务。

1.建设区域汽车电子健康档案系统平台。根据汽车电子健康档案系统总体建设方案和系统建设系列标准(征求意见稿),完成试点区域汽车电子健康档案系统平台的建设，实现维修企业相关数据的及时、准确上传，并实现与全国平台数据的互联互通。

2.探索建立高效数据上传机制。针对连锁经营维修企业和汽车生产企业的汽车维修数据信息化程度较高、数据集中的特点，对比分析“单店上传”和“总部上传”方式的优劣，探索提高系统数据采集效率的方式。

3.验证和完善系统建设相关标准。进一步研究提升系统建设标准的指导性和可操作性，形成行业标准，为在全国范围内系统的标准化建设奠定基础。

4.完善汽车电子健康档案服务平台的功能设计。根据车主、各试点维修企业和管理部门使用汽车电子健康档案系统的情况反馈和遇到的问题，对全国和区域汽车电子健康档案系统平台功能进行改进和完善。

5.探索区域平台的建设和运营方式。根据各试点区域平台建设和运营方式的不同，同时结合试点阶段实际运行效果，综合评估地方自建和全国统建两种区域平台建设方式的优劣，为其他地区平台的建设和运行提供借鉴。

四、实施步骤

试点工作从 2016 年 3 月至 12 月，分三个阶段实施：启动阶段、实施阶段和总结改进阶段。试点结束后，形成全国汽车电子健康档案系统建设试点工作报告。

（一）启动阶段（2016 年 3 月-4 月）。

1.根据试点任务要求，各试点地区管理部门和企业会同部公路院制定详细的试点工作实施方案；

2.各试点区域在部公路院的技术支持下完成区域汽车电子健康档案系统平台的建设；

3.结合区域汽车电子健康档案系统平台建设情况，对系统建设的相关标准提出修改意见。

（二）实施阶段（2016 年 5 月-8 月）。

1.试点区域根据本地实施方案要求，在区域内各类维修企业进行汽车电子健康档案系统的部署，实现汽车维修数据的上传，形成汽车电子健康档案，并为广大车主提供信息查询服务；

2.试点整车企业授权或直接参与品牌 4S 店 DMS 系统与汽车电子健康档案系统全国平台的标准和数据对接，实现维修数据的上传与共享，对比“单店上传”和“总部上传”方式的优劣；

3.试点连锁维修企业根据系统建设要求，完成 ERP 系统与全国平台的标准和数据对接，实现连锁体系内维修企业维修数据的自动上传。

（三）总结改进阶段(2016 年 9 月-12 月)。

1.总结试点验证过程中存在的问题和不足，完善全国平台和区域平台系统功能，提升系统的应用效果；

2.结合试点情况，修改完善系统建设方案和相关标准，形成试点工作报告，指导全国其他区域系统的建设。

五、工作要求

（一）加强组织，有序推进。试点地区道路运输管理部门及各试点单位要高度重视汽车电子健康档案系统试点工作，成立专门工作组，确保工作有序开展。部公路院要制定详细的试点实施工作方案，细化工作内容，落实保障措施，有序推进试点工作。

（二）多方联动，加强引导。试点地区道路运输管理部门要加强与相关部门沟通协调，积极争取地方政府及有关部门支持，完善配套鼓励政策，引导维修企业积极参与试点工作。

（三）加强沟通，认真总结。部公路院要与各试点单位积极沟通，及时解决试点过程中遇到的问题，并及时向部运输服务司反馈。试点结束后，要认真对试点开展情况进行总结，形成试点工作报告，2016 年 12 月 30 日前报送部（运输服务司）。

联系人：部运输服务司　孟 秋（010）65292753

部公路院　阳冬波（010）62079192

交通运输部办公厅

2016 年 3 月 8 日

国务院反垄断委员会
关于汽车业的反垄断指南

（征求意见稿）

（2016 年 3 月）

一、 总则

汽车业是国民经济的重要支柱产业，在促进经济增长、技术创新、就业与社会发展等方面发挥着重要作用。为预防和制止汽车业垄断行为，降低行政执法和经营者合规成本，推进科学、有效的反垄断监管，保护公平竞争，维护消费者利益和社会公共利益，促进汽车业健康发展，根据《中华人民共和国反垄断法》（以下简称《反垄断法》），制定本指南。

（一）概念界定

1.汽车，是指由动力驱动或牵引，具有四个或四个以上车轮的非轨道承载的车辆，用于载运人员和(或)货物、牵引载运人员和(或)货物的车辆、特殊用途，分为乘用车和商用车两大类。乘用车和商用车的进一步分类，参见国家相关标准（GB/T3730.1-2001《汽车和挂车类型的术语和定义》）。

2.新能源汽车，是指采用新型动力系统，完全或主要依靠新型能源驱动的汽车，主要包括纯电动汽车、插电式混合动力汽车及燃料电池汽车。

3.二手车，是指从办理完注册登记手续到达到国家强制报废标准之前进行交易并转移所有权的汽车。

4.汽车供应商，是指提供汽车、售后配件及用品的经营者，包括：

（1）汽车制造商；

（2）汽车制造商设立或授权的汽车总经销商；

（3）从事汽车批售业务的汽车进口商。

5.配件供应商，是指生产或提供汽车初装零部件和售后配件的经营者。

6.汽车经销商，是指独立于汽车供应商而从事汽车经销与服务的经营者。在实务中，汽车经销商可以同时承担汽车维修商的角色，但汽车销售和售后服务环节也可以相互分离。

7.汽车维修商，是指提供汽车维修和保养服务的经营者。

8.最终用户，就汽车而言，是指汽车所有人（以机动车登记证书载明为准）和其他对汽车拥有合法使用权的人（如汽车承租人）。就汽车售后配件及用品而言，包括：（1）购买该等产品的机动车所有人和其他对汽车拥有合法使用权的人；（2）将该等产品用于维修而非转售目的的维修商。

9.汽车配件，按用途、品牌、供应渠道与质量等标准分类，包括初装零部件、双标件、售后配件、原厂配件、同质配件等。

（1）初装零部件，是指用于生产组装新车的零部件。

（2） 双标件，是指同时标有汽车制造商和配件制造商商标、标识和零件代码的初装零部件和售后配件。

（3）售后配件，是指安装于汽车、用来替换该汽车初装零部件的产品，包括汽车所必需的润滑剂，但不包括燃料。

（4）原厂配件，是指汽车供应商或者汽车供应商指定的第三方所提供的，使用汽车供应商品牌或汽车供应商指定品牌，按照汽车初装零部件规格和产品标准制造的售后配件。

（5）同质配件，又称质量相当配件，是指获得相关认证、质量不低于汽车初装零部件的售后配件，但不包括原厂配件。

10.维修技术信息，是指汽车在使用过程中，为维持或恢复汽车出厂时的技术状况和工作能力，延长汽车使用寿命，确保汽车符合安全、环保使用要求所进行的汽车诊断、检测与维修作业必需的技术信息资料的总称。

（二）相关市场界定

汽车业产业链长，上中下游业务类型多样，界定相关商品市场和地域市场遵循《反垄断法》和《国务院反垄断委员会关于相关市场界定的指南》确定的一般原则和方法，同时考虑汽车业的特点以及个案具体情形。

汽车业相关市场界定的基本依据是替代性分析，在个案中，首先考察需求替代，其次考察供给替代。比如，汽车经销由批发和零售两个环节构成，批发由汽车供应商面向经销商，零售由经销商面向最终用户。根据个案具体情形，可能需要将汽车批发和零售分别界定为细分的相关市场；汽车经销市场还可以从供给替代和需求替代的角度进一步细分。

汽车售后市场可以进一步细分为售后配件经销市场和售后维修保养市场。在汽车售后市场，特定品牌、车型的汽车售后维修保养服务要求采用适用于该品牌及车型的售后配件，基于特定品牌及车型的维修技术信息而完成。从需求替代和供给替代的角度考察，汽车售后市场的兼容性和锁定效应客观存在，汽车品牌因而成为界定汽车售后市场时需要考虑的一个重要相关因素。

二、垄断协议

（一） 垄断协议的禁止与豁免

1.《反垄断法》的基本规定

《反垄断法》第十三条禁止横向垄断协议，第十四条禁止纵向垄断协议，第十五条规定了垄断协议的豁免情形和条件。根据《反垄断法》第十五条，经营者主张其协议不适用《反垄断法》第十三条或第十四条，首先需要证明其协议属于第十五条列出的情形之一。其次，除“为保障对外贸易和对外经济合作中的正当利益的”和“法律和国务院规定的其他情形”这两种情形以外，经营者还应当证明其协议不会严重限制相关市场的竞争，并且能够使消费者分享由此产生的利益。

为证明其协议不会严重限制相关市场的竞争，经营者可以评估其在相关市场的市场力量。评估经营者的市场力量，可以参考《反垄断法》第十八条所列举的各项因素。评估一项协议是否能够使消费者分享由此产生的利益，可以从价格降低、质量提高、技术创新、技术升级、产品和服务的更多选择等角度加以考察。

经营者适用《反垄断法》第十五条主张垄断协议豁免的具体程序，由国务院反垄断委员会相关指南另行规定。

2.推定豁免

为降低行政执法成本和经营者合规成本，本指南列出了不具有市场显著力量的经营者设置的地域限制和客户限制的若干情形，可以推定适用《反垄断法》第十五条的规定。执法实践和理论研究证明，该等情形通常能够提高经销服务质量、增进经销效率、增强中小经销商经营效率和竞争力，一般不会严重限制相关市场的竞争，并且能够使消费者分享由此产生的利益，因而符合《反垄断法》第十五条规定的条件。

评估经营者是否具有显著的市场力量，设置一个固定的市场份额标准并不必然具有合理性、科学性与可操作性。但是，以纵向协议的竞争评估为例，执法实践和理论研究表明，在相关市场上占有 25%—30%以下市场份额的经营者有可能被认定为不具有显著市场力量。

但是，根据个案具体情形，如果有证据能够证明经营者的行为不符合《反垄断法》第十五条的规定，反垄断执法机构仍然可以对相关行为适用《反垄断法》第十四条。

3.个案豁免

除本指南列出的可以推定适用《反垄断法》第十五条的情形之外，经营者如主张其协议可以适用《反垄断法》第十五条，需要根据个案具体情形证明其协议符合《反垄断法》第十五条的法定条件，判断其协议能否被个案豁免。

（二）汽车业横向垄断协议

1.某些类型的横向协议，如研究与开发协议、专业化协议、技术标准化协议、联合生产协议、联合采购协议等，通常能够增进效率和促进竞争，有利于增加消费者福利。比如新能源汽车研发与生产过程中的横向合作协议，可以使竞争者分担投资风险、提高效率、促进社会公共利益。因此，达成前述能够增进效率和促进竞争的横向协议的汽车业经营者，可以根据《反垄断法》第十五条证明其协议不适用《反垄断法》第十三条的规定。

2.关于横向垄断协议的竞争分析，汽车业与其他行业并无显著差别，因此本指南不再对其进一步细化。关于汽车业横向垄断协议的反垄断规制，由国务院反垄断执法机构根据《反垄断法》《反价格垄断规定》《工商行政执法机关禁止垄断协议行为的规定》等法律法规依法处理。

（三）汽车业纵向垄断协议

1.协议的形式、相似协议的累积效果

在实务中，纵向协议可以表现为直接限制，比如合同条款规定经销商的转售价格；也可以表现为间接限制，比如固定经销商的利润率和折扣水平，通过实施价格监测对不遵守建议价的经销商取消返利、拒绝供货或提前解除授权协议。

在中国汽车市场上，纵向协议主要体现为经销商协议，也可能通过商务政策、通函、资讯、通知等形式达成。反垄断法关注行为的效果而非形式，评估垄断行为的关键是行为实际产生的限制竞争效果。根据其竞争效果，商务政策等形式上的单方行为有可能被认定为构成《反垄断法》所规制的纵向垄断协议。

通常情形下，单个经营者实施纵向协议会限制品牌内竞争，损害消费者利益。特别是，当相关市场上多数甚至全部经营者均采用相似纵向协议，协议中的各类纵向限制形成网络，全面覆盖相关市场，品牌间竞争的约束力将被明显削弱。相似纵向协议导致的累积效果能够显著限制相关市场的竞争，使相关产品和服务在竞争水平之上定价，最终导致消费者福利损失。

2.固定转售价和限定最低转售价

《反垄断法》第十四条明确禁止限制竞争效果非常明显的固定转售价和限定最低转售价。纵向价格限制的负面效应主要表现在维持高价、促进横向与纵向共谋、削弱品牌间竞争和品牌内竞争、排斥竞争者等方面。

当然，根据个案分析原则，如果经营者能够证明该等价格限制不会严重限制相关市场竞争，并且能够使消费者分享由此产生的利益，经营者可以根据《反垄断法》第十五条的规定对固定转售价和限定最低转售价主张个案豁免。

在实务中，汽车业经营者基于《反垄断法》第十五条主张个案豁免的纵向价格限制的常见情形包括：

（1）新能源汽车推广期的固定转售价和限定最低转售价

为节约能源、保护环境、避免“服务搭便车”，在新能源汽车推广期，短期（如：9个月以内，从汽车供应商就具体车型发出第一张批售发票之日起算）的固定转售价和限定最低转售价对于激励经销商努力推广新能源产品，加大销售力度，扩大市场对新产品的需求是必要的，进而能够促进新产品成功上市，给予消费者更多选择。

（2）仅承担中间商角色的经销商销售中的转售价格限制

仅承担中间商角色的经销商销售是指汽车供应商与特定第三人或特定终端客户（如：汽车供应商和经销商的员工、大客户、广告及赞助对象等）直接协商达成销售价，仅通过授权经销商完成交车、收款、开票等交易环节的销售。在该等交易中，授权经销商仅承担中间商的角色协助完成交易，与完全意义的经销商有所不同。

（3）政府采购中的转售价格限制

在实务中，政府采购项目通常要求参加联合投标的汽车供应商与其经销商协调后提供一致或固定的零售价格报价。对于全国范围的采购项目，政府采购部门有时与汽车供应商直接接洽，汽车供应商没有直销或零售执照，需要与特定经销商就零售价格达成一致，以实现其对政府采购的报价。与仅承担中间商角色的经销商销售类似，政府采购中的经销商如果仅协助完成交易，则与完全意义的经销商有所不同。

（4）汽车供应商电商销售中的转售价格限制

电商销售中的定价行为适用《反垄断法》《反价格垄断规定》等法律法规。但是，实务中存在汽车供应商通过电商平台在一定时期以统一价格销售汽车，与不特定的最终用户直接达成交易，仅通过经销商完成交车、收款、开票等交易环节的销售。在该等电商交易中，经销商仅承担中间商的角色协助完成交易，与完全意义的经销商有所不同。

3.建议价、指导价和限定最高价

汽车供应商对经销商和维修商设置转售汽车与汽车售后配件及用品的建议价、指导价或最高价，以及对经销商和维修商设置售后服务工时费的建议价、指导价或最高价通常具有效率效果，该等行为一般不会对竞争产生排除、限制影响。

但是，如果由于协议一方的压力或激励，建议价、指导价或最高价被多数或全部经销商所执行，在实质效果上等同于固定转售价或限定最低转售价时，根据个案具体情形，该等行为有可能被认定为固定转售价或限定最低转售价。

4.地域限制和客户限制

地域限制是指供应商承诺在特定经销区域对一个或若干经销商供货，经销商承诺不向其他经销区域销售。客户限制是指供应商限定经销商只能将商品售予或不得售予特定客户。

地域限制和客户限制可能削弱品牌内竞争、分割市场、助长价格歧视。有效实施的地域限制和客户限制导致其他经销商难以获得供货，阻碍更有效率的新型经销模式的推广，使商品和服务价格维持在高位。但是，有时地域限制和客户限制也能够提高经销效率，比如，在经销商需要为保护和建立品牌形象进行特定投资时，地域限制能产生显著的效率。

（1）不具有显著市场力量的汽车业经营者设置的地域限制和客户限制具有效率效果和正当化理由，通常能够符合《反垄断法》第十五条的规定，可以适用《反垄断法》第十五条。前述情形主要包括：

①约定经销商仅在其营业场所进行经销活动，但不限制该经销商的被动销售，也不限制经销商之间交叉供货。

被动销售，是指经销商未主动营销，但应个别客户的要求，向该客户交付商品或服务。比如，甲地消费者到乙地购车的行为即为经销商的被动销售。

相对于传统销售方式，电商销售面向更广大、更多样的客户。如果一个客户浏览经销商网站或第三方网站并联络该经销商，且该联络产生了一笔销售交易，这笔销售将被视为被动销售。对于经销商通过其自有或第三方网站向不特定受众发出的信息，如果客户主动选择接受（如：在线订阅经销商的推广信息）并主动接洽经销商而产生一笔销售交易，该交易将被视为经销商的被动销售。但是，如果经销商向特定受众发出广告或促销信息，则该等行为将构成主动销售。

②限制经销商对汽车供应商为另一经销商保留的独占地域或专有客户进行主动销售。

③限制批发商直接向最终用户进行销售。

④为避免配件被客户用于生产与汽车供应商相同的产品，限制经销商向该类客户销售配件。

为评估经营者的市场力量而设置一个固定的市场份额标准并不必然具有合理性、科学性与可操作性。但是，以纵向协议的竞争评估为例，执法实践与理论研究表明，在相关市场上占有 25%-30%以下市场份额的经营者有可能被认定为不具有显著市场力量。

（2）下述四类地域限制和客户限制通常能够严重限制竞争，导致高价并减少消费者的选择，因而不能直接适用《反垄断法》第十五条的规定。汽车业经营者从事下述行为，如果能够证明其行为符合《反垄断法》第十五条的规定，可以主张个案豁免。

①限制经销商的被动销售。

②限制经销商之间交叉供货。

③限制经销商和维修商向最终用户销售汽车维修服务所需配件。

④除代工协议的情形，汽车制造商与配件、修理工具、检测仪器或其他设备供应商之间达成约定，限制此类供应商向经销商、维修商或最终用户销售有关配件、修理工具、检测仪器或其他设备。有关代工协议的认定，参见本指南附则（一）。

5.通过保修条款对售后维修服务和配件流通施加间接的纵向限制

对在保修范围内的维修保养工作和替换配件，汽车供应商通常要求汽车最终用户到授权维修网络使用原厂配件完成维修保养工作。但是，通过保修条款对售后服务和售后配件流通间接施加不合理的纵向限制，能够排斥独立维修商，减少配件供应和经销渠道，最终提高汽车维修保养服务的价格。

上述不合理的纵向限制情形包括但不限于：

（1）汽车供应商以汽车最终用户将不在保修范围的维修保养工作全部交由授权维修网络完成，作为汽车供应商履行保修责任的条件；

（2）对不在保修范围的售后配件，汽车供应商要求使用原厂配件作为其履行保修责任的条件；

（3）汽车供应商没有正当理由，限制其维修网络对平行进口车提供售后维修保养服务。

6.有关经销商和维修商销售与服务能力的其他纵向限制

汽车供应商通过协议和商务政策等实施的下述纵向限制，有可能不当限制经销商和维修商的销售与服务能力，如果导致显著的排除、限制竞争效果，提高汽车经销和维修渠道的价格，损害消费者利益，则相关协议和商务政策可能被认定为《反垄断法》所规制的纵向垄断协议。

（1）汽车供应商向经销商或维修商强制搭售其未订购的汽车、售后配件、精品、耗材、修理工具、检测仪器等。

供应商对经销商实施的搭售是一种纵向限制，有可能导致搭卖品的排他购买义务，因而排除搭卖品市场的竞争。

（2）汽车供应商强制经销商或维修商接受不合理的汽车或售后配件销售目标、库存品种和数量。

供应商和经销商之间可以通过平等协商约定合同产品的销售目标、库存品种和数量。但是，供应商单方制定并强制经销商接受不合理的销售目标、库存品种和数量，有可能导致经销商承担合同产品的排他购买义务，因而排除相关市场的竞争。

（3）汽车供应商强制要求经销商承担以汽车供应商名义开展的广告、车展等宣传推广费用，或强制限定经销商自担费用开展广告宣传的特定方式和特定媒体。

汽车供应商通常与经销商约定参与共同推广和营销活动并要求经销商分摊合理费用。此外，为确保品牌推广的整体效果，汽车供应商通常为经销商设置遴选媒体的合理的质量型标准。但是，强制要求经销商承担以汽车供应商名义开展的宣传推广费用，或强制限定经销商开展广告宣传的特定方式和特定媒体，有可能不当限制经销商自主决定推广和营销活动的能力，间接增加经销和售后渠道的成本，最终增加消费者的负担。

（4）汽车供应商限定经销商和维修商只能使用特定有偿设计单位或建筑单位的服务，或限定经销商和维修商所需建筑材料、通用设备、信息管理系统和办公设施等只能使用特定品牌、供应商和供应渠道。

为保证品牌形象，汽车供应商通常会通过协议或商务政策对经销商和维修商经营场所的设计、装饰、办公设施等约定或规定质量型标准。此外，基于知识产权保护的考虑，汽车供应商通常指定其汽车品牌标识的采购渠道。但是，限定经营场所的设计、办公设施等只能使用特定第三方品牌、供应商和供应渠道对于保证汽车品牌形象通常并非必要，该等限制有可能不当限制相关市场的竞争，间接增加经销和售后渠道的成本。

（5）汽车供应商拒绝供货或提前解除经销协议时，应当明确列出理由。

为防止汽车供应商由于经销商或维修商从事了促进竞争的行为，如拒绝执行汽车供应商设置的最低转售价、从汽车供应商以外的渠道购进原厂配件和同质配件用于售后维修等，无正当理由拒绝向经销商供货或提前解除经销协议，汽车供应商拒绝供货或提前解除经销协议的通知应当明确列出理由。

三、滥用市场支配地位行为

《反垄断法》第十七条禁止滥用市场支配地位行为，包括不公平高价和低价，以及没有正当理由低于成本价销售商品、拒绝交易、限定交易、搭售和附加其他不合理交易条件、差别待遇等。

目前，我国新车销售市场竞争较为激烈，但汽车售后市场由于存在锁定效应和兼容性问题，可能限制削弱售后市场的有效竞争，损害消费者利益。在个案中界定汽车售后市场，汽车品牌是需要考虑的一个重要相关因素。根据《反垄断法》第十七条对市场支配地位的界定，以及第十八条关于认定经营者具有市场支配地位应当依据的因素，在新车销售市场上不具有支配地位的汽车供应商，在其品牌汽车售后市场上有可能被认定为具有支配地位。

（一） 售后配件的生产

除根据代工协议生产的配件以外，在其品牌汽车售后市场上具有支配地位的汽车制造商没有正当理由，不应限制为初装汽车配套的配件制造商生产“双标件”。即，汽车制造商不应与向其提供初装零部件的配件制造商达成约定，禁止后者在汽车初装零部件上加贴自有商标、标识和零件代码。双标件旨在提高消费者和维修商辨识同质配件的能力，促进汽车售后市场有效竞争。

关于代工协议的认定，参见本指南附则（一）。

（二）售后配件的供应与流通

在其品牌汽车售后市场上具有支配地位的汽车制造商没有正当理由，不应限制售后配件的供应与流通，具体包括：

1.限制经销商和维修商外采售后配件，即，限制经销商和维修商购买同质配件或从其他渠道购买原厂配件（包括平行进口配件）。

不具有市场支配地位的供应商对其经销渠道设置一定期限的排他采购义务，能够提高经销网络的质量标准，有助于建立和保持品牌形象，提高品牌对最终消费者的吸引力并提升销量。但是，如果相关市场存在显著的进入或扩张壁垒，排他采购义务有可能封锁竞争性供应商，削弱创新激励机制，提高经销渠道的商品价格，限制消费者的选择。

在实务中，在其品牌汽车售后市场上具有支配地位的汽车供应商，对经销商强制规定不合理的配件销售数量目标、库存品种和数量，通常能够实质限制经销商和维修商外采配件。

但是，汽车供应商有权利要求其授权体系成员仅使用原厂配件和同质配件，并要求其授权体系成员保证消费者的知情权和配件可追溯性。汽车供应商也有权利要求，仅当消费者知情并明确选择且保证配件可追溯性的条件下，授权体系成员才可以在维修工作中使用再制造件和回用件。上述情形不影响授权经销商、授权维修商和配件供应商的民事责任。

2.限制配件供应商、经销商和维修商外销售后配件，具体包括：

（1）除根据代工协议生产的配件以外，要求配件全部“返厂”，即，限制配件供应商向售后渠道以自有品牌供应配件；

（2）限制经销商之间、维修商之间、以及经销商和维修商之间交叉供应售后配件；

（3）限制经销商和维修商向最终用户销售汽车维修服务所需配件。

（三）维修技术信息、测试仪器和维修工具的可获得性

汽车售后维修通常需要由具备相应资质的技工基于特定品牌汽车的技术信息而完成。汽车供应商通常是其品牌汽车全部维修技术信息的唯一供应源。如果维修商不能获得检测、维修汽车以及替换汽车配件所必需的技术信息，其提供的维修保养服务可能导致危险驾驶、高排放和空气污染等风险；同时，维修商市场地位受挤压，导致维修渠道减少、汽车维修保养价格升高、消费者选择受限。

汽车售后市场有效竞争需要保障售后维修技术信息的可获得性，同时保障测试仪器和维修工具的可获得性。因此，在其品牌汽车售后市场上具有支配地位的汽车供应商无正当理由，不应限制维修技术信息、测试仪器和维修工具的可获得性，包括：

1.限制维修商获取特定品牌汽车维修技术信息的权利和渠道；

2.与修理工具、检测仪器或其他设备供应商之间达成约定，限制此类供应商向经销商和维修商销售有关修理工具、检测仪器或其他设备。

四、经营者集中

《反垄断法》禁止经营者实施具有或者可能具有排除、限制竞争效果的集中。对于经营者集中的竞争分析，汽车业与其他行业并无显著差别。

关于汽车业经营者集中的反垄断审查，由国务院反垄断执法机构依据《反垄断法》《关于评估经营者集中竞争影响的暂行规定》《关于经营者集中附加限制性条件的规定(试行)》等法律法规依法处理。

在汽车业经营者集中反垄断审查工作中，本指南关于汽车业垄断协议和滥用市场支配地位行为的说明和指引，对于经营者集中的反垄断审查具有参考意义。

五、滥用行政权力排除、限制竞争

《反垄断法》禁止行政机关和法律、法规授权的具有管理公共事务职能的组织滥用行政权力排除、限制竞争。

滥用行政权力排除、限制汽车业市场竞争的行为，由国务院反垄断执法机构依据《反垄断法》《反价格垄断规定》《工商行政管理机构制止滥用行政权力排斥、限制竞争行为的规定》等法律法规依法处理。

汽车交易中的滥用行政权力排除、限制竞争行为，阻碍汽车市场健康发展，损害消费者利益。比如，二手车交易中的滥用行政权利排除、限制竞争行为，不利于绿色循环消费和汽车市场可持续发展，还限制了汽车所有人的物权处置权益，延长消费者换车周期，间接影响新车销售市场。

因此，行政机关和法律、法规授权的具有管理汽车流通事务职能的组织，不应违反《反垄断法》第五章规定实施排除、限制竞争的行为，包括但不限于：

（一）制定含有限制汽车市场准入和汽车自由流通等内容的规定；

（二）通过设定具有排除、限制竞争效果的开业条件或资质要求，限制或者变相限制经营者经营汽车业务；

（三）限定或者变相限定单位或者个人购买、租用、使用其指定的经营者提供的汽车交易系统、设施和经营场所；

（四）二手车限迁行为，即要求二手车必须在车辆注册登记所在地交易；

（五）限制二手车交易必须由二手车交易市场开具发票。

六、附则

（一）代工协议的认定

代工协议，实务中又称委托加工协议、代加工合同、承揽合同、贴牌加工合同，是指委托方为被委托方提供必需的技术、设备，由被委托方为委托方生产产品、提供服务或完成工作。

如果配件制造商使用汽车制造商的知识产权，根据汽车制造商的要求加工汽车配件，汽车制造商和配件制造商之间是委托加工关系，达成的是代工协议。代工协议与使用自有知识产权的配件制造商与汽车制造商之间形成的配件供应协议存在显著区别。

一项协议是否构成真实代工协议，需要进行个案评估，通过评估协议实质内容之后加以认定，而不能仅仅根据协议的形式直接认定。简言之，如果汽车制造商（委托方）所提供的技术、设备是配件制造商（被委托方）根据汽车制造商的要求，在合理条件下生产合同产品或提供合同服务所必需的，则配件制造商的身份是“代工厂”，不被视为市场上的独立配件供应商。

但是，当汽车制造商向配件制造商提供工具、知识产权或专有技术时，如果该配件制造商已拥有可自主使用的该等工具、知识产权或专有技术，或者能够以合理条件获得该等工具、知识产权或专有技术，该等情形下汽车制造商的技术和设备并非配件制造商履行协议所必需的。比如，如果汽车制造商仅提供了合同产品一般的描述性信息，但限制配件制造商向售后市场以自有品牌供应配件，汽车制造商实质上剥夺了配件制造商在协议相关领域拓展业务的可能性，排除、限制了相关市场的竞争，可能导致高价，减少了消费者的选择。

评估“生产合同产品或提供合同服务所必需的技术或设备”可以考虑的具体因素包括但不限于：

1.委托方拥有或有权处置的知识产权，包括：发明专利、实用新型、受版权保护的设计、注册外观设计或其他知识产权；

2.委托方拥有或有权处置的生产工艺等专有技术；

3.委托方准备的与其提供的信息配套使用的研究报告、方案等文件。

（二）指南的生效、更新与增补

本指南于 年 月 日起实施。国务院反垄断委员会将持续调查、评估中国汽车市场总体竞争状况，根据中国汽车业发展趋势，适时更新与增补本指南。

国务院办公厅关于促进
二手车便利交易的若干意见

国办发〔2016〕13号

各省、自治区、直辖市人民政府，国务院各部委、各直属机构：

汽车业是国民经济重要的战略性、支柱性产业，是稳增长、扩消费的关键领域。目前，我国汽车保有量超过1.7亿辆，二手车市场潜力巨大。但二手车交易不便利、信息不透明等问题制约了二手车消费。为便利二手车交易，繁荣二手车市场，为新车消费创造更大的市场空间，同时带动汽配、维修、保险等相关服务业发展，经国务院同意，现提出以下意见：

一、营造二手车自由流通的市场环境。各地人民政府要严格执行《国务院关于禁止在市场经济活动中实行地区封锁的规定》（国务院令第303号），不得制定实施限制二手车迁入政策。符合国家在用机动车排放和安全标准，在环保定期检验有效期和年检有效期内的二手车均可办理迁入手续，国家鼓励淘汰和要求淘汰的相关车辆及国家明确的大气污染防治重点区域（京津冀：北京、天津、河北，长三角：上海、江苏、浙江，珠三角：广州、深圳、珠海、佛山、江门、肇庆、惠州、东莞、中山等9个城市）有特殊要求的除外。已经实施限制二手车迁入政策的地方，要在2016年5月底前予以取消。（各地人民政府负责）

二、进一步完善二手车交易登记管理。整合二手车交易、纳税、保险和登记等流程，开展一站式服务，对具备条件的二手车交易市场推行进场服务。简化二手车交易登记程序，不得违规增加限制办理条件。优化服务流程，推行二手车异地交易登记，便利交易方在车辆所在地直接办理交易登记手续。（商务部会同公安部、税务总局、保监会按照职责分工负责）

三、加快完善二手车流通信息平台。建立二手车流通信息工作机制，积极整合现有资源，加强互联互通和信息共享，加快建立覆盖生产、销售、登记、检验、保养、维修、保险、报废等汽车全生命周期的信息体系。非保密、非隐私性信息应向社会开放，便于查询，符合国家有关要求的信息服务可以市场化运作，已经具备条件的行业信息要进一步加大开放力度。（商务部会同工业和信息化部、公安部、环境保护部、交通运输部、保监会按照职责分工负责）

四、加强二手车市场主体信用体系建设。依法采集二手车交易市场、经销企业、拍卖企业、鉴定评估机构、维修服务企业以及其他市场主体的信用信息，建立二手车市场主体信用记录，纳入全国信用信息共享平台，并按照有关规定及时在企业信用信息公示系统以及“信用中国”网站予以公开，方便社会查询和应用。（商务部、国家发展改革委、环境保护部、交通运输部、税务总局、工商总局、保监会按照职责分工负责）

五、优化二手车交易税收政策。按照“统一税制、公平税负、促进公平竞争”原则，结合全面推开营改增试点，进一步优化二手车交易税收政策，同时加强对二手车交易的税收征管。（财政部、税务总局按照职责分工负责）

六、加大金融服务支持力度。加大二手车交易信贷支持力度，降低信贷门槛，简化信贷手续。支持二手车贷款业务，适当降低二手车贷款首付比例。加快开发符合二手车交易特点的专属保险产品，不断提高二手车交易保险服务水平。（银监会、保监会按照职责分工负责）

七、积极推动二手车流通模式创新。推动二手车经销企业品牌化、连锁化经营，提升整备、质保等增值服务能力和水平。积极引导二手车交易企业线上线下融合发展，鼓励发展电子商务、拍卖等交易方式。推动新车销售企业开展二手车经销业务，积极发展二手车置换业务。（商务部、交通运输部按照职责分工负责）

八、完善二手车流通制度体系建设。抓紧修订《二手车流通管理办法》，规范二手车交易行为，强化市场主体责任；加强消费者权益保护，确保消费放心、交易便捷、服务完备；明确监管职责，加强市场监管，规范交易秩序，促进二手车市场健康、有序发展。（商务部牵头负责）

各地区、各有关部门要充分认识便利二手车交易、促进二手车流通的重要意义，加强组织领导，健全工作机制，强化部门协同和上下联动，确保各项政策措施落到实处。各地区要根据本意见，结合地方实际研究制定具体实施方案，细化政策措施。商务部等有关部门要抓紧研究制定配套政策和具体措施，加强部门协作配合，共同开展好相关工作。

国务院办公厅

2016 年 3 月 14 日

（此件公开发布）

国家发展改革委推动建立汽车产能调查和信息发布工作机制

为促进汽车产业结构调整和转型升级，加强产业发展信息服务，引导企业和社会资本合理投向，国家发展改革委产业协调司组织中国汽车工业协会、中国汽车技术研究中心建立了汽车产能调查分析和信息发布工作机制。根据工作部署，2016 年 5 月 11 日，中国汽车工业协会举行了信息发布会，发布了 2015 年我国汽车产能情况等信息。

一、2015 年汽车整车产能超过 3000 万辆

根据对 2015 年度汽车产量占比超过 98%的 37 家主要汽车企业（集团）的调查，2015 年末已形成汽车整车产能（注：按每日两班生产、250 个工作日统计，下同。）3122 万辆，在建产能超过 600 万辆。现有产能中，乘用车产能 2575 万辆；商用车产能 547 万辆，其中，N2 和 N3 类载货车（即最大设计总质量超过 3.5 吨的载货车）218 万辆，客车 101 万辆。

车用发动机产能与整车产能基本匹配。2015 年末，汽车行业 40 家主要汽车和发动机企业（集团）车用发动机生产能力为 2818 万台。

新能源汽车关键零部件产能基本满足国内配套需求。2015 年末，调查的 19 家主要车用动力电池企业产能为 305 亿瓦时。12 家主要车用驱动电机企业驱动电机产能为 70 万台，12 家主要车用电机控制器企业电机控制器产能为 68 万套。

国内汽车产能地区分布差异明显。2015 年末，全国有 26 个省级行政区具备汽车整车生产能力。其中，重庆、湖北、广东、山东、江苏、北京、吉林、辽宁、浙江、安徽等地产能合计占全国的 2/3 左右；汽车产能不足 50 万辆的 8 个省级行政区合计产量不到 90 万辆。

二、汽车产能结构性过剩已经显现

2015 年，37 家主要汽车企业（集团）乘用车产能利用率为 81%，产能利用比较合理；商用车产能利用率为 52%，产能利用不充分，其中，N2 和 N3 类载货车为 49%，客车为 56%。

随着我国经济发展进入新常态，汽车产能结构性过剩问题已经显现，需引起相关方面注意：一是商用车产能利用率较低，不宜盲目增加产能投资；二是动力电池领域投资

热度较高，企业分散且技术和发展水平参差不齐，需防范低水平重复建设；三是企业应重点加强新技术、新产品研发和产业化投入，提高已有产能利用率，增强资源整合能力，积极开展国际产能合作。

商务部等 11 部门办公厅关于促进二手车便利交易加快活跃二手车市场的通知

商建字〔2016〕8 号

各省、自治区、直辖市商务、发展改革、工业和信息化、公安、财政、环境保护、交通运输、税务、工商、银监、保监主管部门：

为促进二手车便利交易、活跃二手车市场，国务院办公厅印发了《关于促进二手车便利交易的若干意见》（国办发〔2016〕13 号，以下简称《意见》）。现就贯彻落实《意见》有关工作通知如下：

一、促进二手车异地交易。已依法注册登记的小微型非营运载客汽车可以在本行政辖区或者拟转入行政辖区经销、买卖、拍卖和经纪。二手车交易市场经营者和二手车经营主体要按照《二手车流通管理办法》，重点审核二手车卖方是否拥有车辆所有权或处置权，确认卖方身份证明、机动车及牌证和税费凭证，按规定出具《二手车销售统一发票》。各地商务、公安、税务、工商等部门不得违反《二手车流通管理办法》，违规增加限制二手车办理交易的条件。各地商务、税务、工商部门要加强对二手车交易市场及经营主体的监督管理，维护市场秩序，保护消费者合法权益。

二、优化二手车交易登记程序。符合国家在用机动车排放和安全标准，在环保定期检验有效期和年检有效期内的二手车均可办理迁入手续，国家鼓励淘汰和要求淘汰的相关车辆及国家明确的大气污染防治重点区域（京津冀：北京、天津、河北，长三角：上海、江苏、浙江，珠三角：广州、深圳、珠海、佛山、江门、肇庆、惠州、东莞、中山等 9 个城市）有特殊要求的除外。各地商务部门要会同公安、税务、工商、保险等部门，选择具备条件的二手车交易市场设立服务窗口或站点，提供二手车交易、纳税、登记和保险一站式服务。对异地办理二手车交易的小微型非营运载客汽车，现机动车所有人凭《二手车销售统一发票》及相关资料，可以向交易地公安交通管理部门申请办理转移登记，向转出地公安交通管理部门申请转出车辆档案，不需要将车辆驶回登记地。公安交通管理部门要优化服务流程，提高办事效率，快捷办理转移登记业务。

三、完善二手车税收征管。通过二手车交易市场、二手车经销企业、拍卖企业或经纪机构进行二手车交易的，应在以上市场、企业所在地或销售方所在地开具《二手车销售统一发票》。现行政策允许开具且购买方索取增值税专用发票的，销售二手车的一般

纳税人可开具增值　税专用发票，小规模纳税人可由主管税务机关代开增值　税专用发票。税务机关要加强对二手车交易的税收征管。

四、加强二手车流通信息管理。各地商务部门要督促、指导二手车交易市场经营者和二手车经营主体认真核对机动车交易双方当事人或代理人的身份证明，准确采集原机动车所有人和现机动车所有人的身份证号码、手机号码、住址等信息，及时录入全国统一的信息管理系统。建立二手车信息联网核查机制，推进公安、商务部门系统联网，加强二手车交易和登记信息实时比对、核查，促进二手车来源可追溯、去向可查询、服务可监管，严防通过二手车从事违法犯罪活动。各部门要整合现有信息平台资源，加强互联互通和信息共享，并积极促进信息向社会开放，便于经营者、消费者和管理部门查询、使用。

五、加强二手车市场主体信用体系建设。各地商务、发展改革、环境保护、交通运输、税务、工商、保险等部门应按照职责范围依法采集市场主体的信用信息，逐步建立健全信用记录，及时纳入全国信用信息共享平台，并按照有关规定在“国家企业信用信息公示系统”以及“信用中国”网站予以公开。各地工商、市场监管部门要强化信用监管，严格执法，重点查处虚假宣传以及其他侵害消费者权益的行为。要引导行业加强自律，促进市场主体合规经营、守信交易，支持行业协会、二手车交易市场等以适当形式发布市场主体信用相关信息。

六、提高二手车金融服务水平。鼓励汽车金融公司业务产品创新。允许汽车金融公司在向消费者提供购车贷款（或融资租赁）的同时，根据消费者意愿提供附属于所购车辆的附加产品的融资。汽车金融公司开展购车附加产品融资业务时，执行与汽车贷款一致的管理制度。经银监会批准经营个人汽车贷款业务的金融机构办理二手车贷款的首付款比例，可在 30%最低要求基础上，根据自愿、审慎和风险可控原则自主决定。支持保险公司加快开发符合二手车交易特点的专属保险产品，提高二手车交易保险服务水平。

七、加快推动创新二手车流通模式。各地商务、交通部门要积极创造条件，加大政策倾斜力度，积极推动二手车流通模式创新。重点引导二手车经销企业开展品牌化、连锁化经营，提升整备、质保等增值服务能力和水平。要加强对二手车电子商务的指导和管理，引导和规范二手车交易企业线上线下融合发展，鼓励发展拍卖等交易方式。推动新车销售企业开展二手车经销业务，积极发展二手车置换业务。

八、加强部门协同配合。各地有关部门要充分认识促进二手车便利交易、活跃二手车市场的重要意义，健全工作机制，加强部门协作配合。要制定具体实施方案，细化政策措施，确保《意见》各项政策措施落到实处。需要当地人民政府出台政策措施的，要及时提出工作建议，积极推动相关工作。

各地有关部门贯彻落实《意见》情况要及时向国务院商务、发展改革、工业和信息化、公安、财政、环境保护、交通运输、税务、工商、银监、保监等部门报告。按照国务院办公厅有关要求，商务部将会同有关部门适时对《意见》贯彻落实情况进行督促检查。

商务部办公厅
发展改革委办公厅
工业和信息化部办公厅
公安部办公厅
财政部办公厅
环境保护部办公厅
交通运输部办公厅
税务总局办公厅
工商总局办公厅
银监会办公厅
保监会办公厅
2016 年 6 月 8 日

海关总署关于开展汽车平行进口试点保税仓储业务的通知

署加发〔2016〕119号

广东分署，天津、上海特派办，天津、上海、广州、深圳、拱北、福州、厦门海关：

为有效实施《商务部等8部门关于促进汽车平行进口试点的若干意见》（商建发〔2016〕50号）的有关规定，规范汽车平行进口试点保税仓储业务管理，现就有关事项通知如下：

一、开展汽车平行进口保税仓储业务的范围为自贸试验区内的海关特殊监管区域，相关试点企业须经地方主管部门审核认定并对外公告。

二、平行进口汽车须在规定的保税仓储期限内向海关申报进口或办理复运出境手续。保税仓储期限为3个月，起止日期为自境外入区海关放行之日起至出区进口申报或复运出境之日止，不得延期。

三、海关特殊监管区域主管海关（以下简称海关）应以车辆识别代码为基础对平行进口汽车实行账册管理。

四、试点企业开展业务前，应向海关提交以下资料：

（一）地方主管部门批准开展汽车平行进口试点的资质证明；

（二）试点企业与区内仓储企业签订的平行进口汽车仓储代理委托协议；

（三）需要的其他相关材料。

五、平行进口汽车进境入区申报时应填制进境备案清单，并在备注栏注明“平行进口汽车”。

六、平行进口汽车应符合国务院整车进口口岸管理的相关规定，在进口口岸、进口转关、出区进口时按照现行规定办理有关手续，并按照《海关总署关于印发《海关〈货物进口证明书〉管理操作规程》的通知》（署监发〔2015〕212号）的规定签发证明书。

七、平行进口汽车保税流转应在同一自贸试验区内的海关特殊监管区域之间或同一海关特殊监管区域内的仓储企业之间进行，保税仓储期限连续计算。

请各关按照上述要求制定本关区业务操作规程，做好对外公告和调整相应信息化系统等工作，遇有问题及时请示报告。

特此通知。

海关总署

2016年6月23日

关于开展机动车和非道路移动机械环保信息公开工作的公告

国环规大气[2016]3 号

为贯彻落实《大气污染防治法》，加快推进机动车和非道路移动机械环境管理的系统化、科学化、法治化、精细化和信息化，根据国务院关于简政放权、放管结合、优化服务、便民惠民的决策部署要求，我部决定依法开展新生产机动车和非道路移动机械环保信息公开工作。现将有关要求公告如下：

一、信息公开主体

按照《大气污染防治法》规定，机动车和非道路移动机械生产、进口企业，应当向社会公开其生产、进口机动车和非道路移动机械的环保信息，包括排放检验信息和污染控制技术信息，并对信息公开的真实性、准确性、及时性、完整性负责。

二、信息公开内容

（一）机动车和非道路移动机械生产、进口企业基本信息；

（二）机动车和非道路移动机械污染控制技术信息，具体内容详见附件 1；

（三）机动车和非道路移动机械排放检验信息：型式检验、生产一致性检验、在用符合性检验和出厂检验信息，包括检测结果、检验条件、仪器设备、检测机构信息等，具体检验项目详见附件 2。

三、信息公开时间和方式

（一）机动车生产、进口企业应在产品出厂或货物入境前，以随车清单的方式公开主要环保信息，具体要求见附件 3。

非道路移动机械生产、进口企业应在产品出厂或货物入境前，在机身明显位置粘贴环保信息标签，公开主要环保信息，具体要求见附件 4。

（二）机动车和非道路移动机械生产、进口企业应在产品出厂或货物入境前，在本企业官方网站公开机动车和非道路移动机械环保信息，并同步上传至环境保护部机动车和非道路移动机械环保信息公开平台（网址：www.vecc-mep.org.cn），供政府有关部门、公众和企业查询使用。

暂不具备在本企业官方网站公开机动车和非道路移动机械环保信息条件的生产、进口企业，应在产品出厂或者货物入境前，在环境保护部机动车和非道路移动机械环保信息公开平台上公开环保信息。

四、实施时间

（一）自 2016 年 9 月 1 日起，环境保护部机动车和非道路移动机械环保信息公开平台开始试运行，请各有关企业积极参与调试。

（二）自 2017 年 1 月 1 日起，机动车生产、进口企业应将新生产、进口机动车的环保信息，按照本公告第三条规定的时间和方式予以公开。

（三）自 2017 年 7 月 1 日起，非道路移动机械生产、进口企业应将新生产、进口非道路移动机械的环保信息，按照本公告第三条规定的时间和方式予以公开。

五、监督管理

各省级环境保护主管部门应建立机动车和非道路移动机械检验信息核查机制，通过现场检查、抽样检查等方式，加强对机动车和非道路移动机械环保信息公开工作的监督管理，督促机动车生产企业和非道路移动机械生产、进口企业按要求进行信息公开。

鼓励社会公众对机动车和非道路移动机械生产、进口企业公开的环保信息进行监督，依法通过环保举报平台反映有关问题，各省级环境保护主管部门要及时查处举报反映的问题。

对未按照本公告要求真实、准确、及时、完整公开机动车和非道路移动机械环保信息的，各省级环境保护主管部门应依照《大气污染防治法》对相关企业予以处罚，处罚结果要及时向社会公开，并同步上传至环境保护部机动车和非道路移动机械环保信息公开平台。

我部将对各机动车和非道路移动机械生产、进口企业环保信息公开工作开展情况，以及各省级环境保护主管部门监管执法情况加大监督检查力度。

六、有关要求

（一）环境保护部机动车和非道路移动机械环保信息公开平台免费向企业提供机动车和非道路移动机械环保信息上传和查询服务，免费向社会公众和政府有关部门提供信息查询服务，任何单位和个人不得以任何理由收取任何费用。

（二）地方各级环保部门可以直接查询、使用环境保护部机动车和非道路移动机械环保信息公开平台，不得再以任何理由要求生产、进口企业通过其他途径重复报送或提供类似信息。

（三）环境保护部机动车和非道路移动机械环保信息公开平台主要为企业、公众和政府有关部门提供信息公开服务，不对机动车和非道路移动机械的排放检验和污染控制技术信息进行人工审核、修改等处理。机动车和非道路移动机械生产、进口企业对所公开环保信息的真实性、准确性、及时性和完整性负责，确需对已公开信息进行更正的，应先发布信息更正公告或通知，再及时更正环境保护部机动车和非道路移动机械环保信息公开平台相关内容，并作出说明。

（四）我部委托环境保护部机动车排污监控中心建设、运行、维护机动车和非道路移动机械环保信息公开平台。

（五）发动机和其他机动车和非道路移动机械环保关键零部件生产、进口企业可以参照本公告要求进行环保信息公开。

七、联系人及联系方式

联系人：环境保护部大气环境管理司 崔明明

电话：（010）66556297

联系人：环境保护部机动车排污监控中心 季欧

电话：（010）84916280-8104

特此公告。

附件：1.污染控制技术信息要求

2.各类机动车和非道路移动机械的具体检验项目

3.机动车环保信息随车清单

4.非道路移动机械环保信息标签要求（试行）

环境保护部

2016年8月24日

附件 1

污染控制技术信息要求

根据《轻型汽车污染物排放限值及测量方法（中国第五阶段）》（GB 18352.5-2013）、《轻型汽车污染物排放限值及测量方法（中国Ⅲ、Ⅳ阶段）》（GB 18352.3-2005）、《车用压燃式、气体燃料点燃式发动机与汽车排气污染物排放限值及测量方法（中国Ⅲ、Ⅳ、Ⅴ阶段）》（GB 17691-2005）、《重型车用汽油发动机与汽车排气污染物排放限值及测量方法（中国Ⅲ、Ⅳ阶段）》（GB 14762-2008）、《摩托车污染物排放限值及测量方法(工况法，中国第Ⅲ阶段)》(GB 14622-2007)、《轻便摩托车污染物排放限值及测量方法（工况法，中国第Ⅲ阶段）》（GB 18176-2007）、《非道路移动机械用柴油机排气污染物排放限值及测量方法（中国第三、四阶段）》（GB 20891-2014）、《非道路移动机械用小型点燃式发动机排气污染物排放限值与测量方法（中国第一、二阶段）》（GB 26133-2010）和《三轮汽车和低速货车用柴油机排气污染物排放限值及测量方法（中国Ⅰ、Ⅱ阶段）》（GB 19756-2005）等机动车排放标准规定，机动车和非道路移动机械污染控制技术信息应包括车机型基本参数、动力系信息、污染控制信息、传动系信息和其他相关信息。

附件 2,3,4 略。

企业平均燃料消耗量与新能源汽车积分并行管理暂行办法（征求意见稿）

第一章 总则

第一条 为提升传统能源汽车节能水平，促进新能源汽车产业发展，建立节能与新能源汽车管理的长效机制，有效缓解能源和环境压力，依据《中华人民共和国节约能源法》、《国务院关于加快培育和发展战略性新兴产业的决定》（国发〔2010〕32号）、《节能与新能源汽车产业发展规划（2012-2020年）》（国发〔2012〕22号）等规定，制定本办法。

第二条 本办法对在中国境内销售乘用车的企业的平均燃料消耗量和新能源乘用车生产情况进行管理，两项目标要求分别考核。

第三条 本办法所称乘用车是指在中国关境内销售的能够燃用汽油、柴油或气体燃料等的传统能源乘用车（含非插电式混合动力乘用车）以及新能源乘用车，包括在中国关境内生产的国产乘用车产品和关境外生产的进口乘用车产品。

第四条 本办法所称新能源乘用车是指采用新型动力系统，完全或主要依靠新型能源驱动的汽车，包括插电式混合动力（含增程式）乘用车、纯电动乘用车和燃料电池乘用车。

第五条 本办法所称企业是指依法获得许可在中国关境内销售乘用车的企业，包括国产乘用车生产企业和进口乘用车生产企业。

国产乘用车生产企业应已列入工业和信息化部《车辆生产企业及产品公告》，并获得强制性产品认证。

进口乘用车生产企业主要是指其生产的乘用车产品已获得中国强制性产品认证的关境外的乘用车生产企业。进口乘用车经销企业视同为进口乘用车生产企业在中国的代理。

第六条本办法所称企业平均燃料消耗量为企业在核算年度生产或进口的乘用车车型燃料消耗量与当年度对应生产或进口量乘积之和除以当年度生产或进口总量计算得出的平均燃料消耗量，以下简称实际值。

企业平均燃料消耗量目标值为企业在核算年度生产或进口的乘用车车型燃料消耗量目标值与当年度对应生产或进口量乘积之和除以当年度生产或进口总量计算得出的平均燃料消耗量，以下简称目标值。

企业平均燃料消耗量达标值为企业平均燃料消耗量目标值乘以年度企业平均燃料消耗量要求比值，以下简称达标值。年度企业平均燃料消耗量要求比值按照国家标准规定。

第七条工业和信息化部负责企业平均燃料消耗量和新能源乘用车生产情况的管理工作，建立乘用车企业平均燃料消耗量和新能源汽车积分信息平台并发布相关信息，推动企业利用信息网络进行积分交易。

第二章乘用车企业平均燃料消耗量核算

第八条原则上《车辆生产企业及产品公告》内每一个独立法人乘用车生产企业、每一个单独注册的进口汽车经销企业作为一个企业平均燃料消耗量核算主体，对国产乘用车产品与进口乘用车产品企业平均燃料消耗量分别实施核算。

第九条核算主体平均燃料消耗量实际值和目标值的计算方法按国家标准执行。

第十条乘用车车型燃料消耗量采用汽车燃料消耗量通告系统中车辆型号对应的综合工况燃料消耗量指标数据。

如果汽车燃料消耗量通告系统中同一企业在市场上销售的同一车辆型号有多个不同的综合工况燃料消耗量数据（含本年度已通过汽车燃料消耗量通告系统发布的停止生产或进口车型的数据），计算企业平均燃料消耗量实际值时采用最大的燃料消耗量。

第十一条同一车辆型号因整车整备质量、座椅排数等不同有多个不同的燃料消耗量目标值时，计算企业平均燃料消耗量目标值时采用最小的燃料消耗量目标值。

第十二条国内乘用车生产企业的核算数量为核算年度内的乘用车产量（不含乘用车出口量）。进口乘用车经销企业的核算数量为核算年度内经中国海关放行、检验检疫机构检验的实际进口量。

第十三条 为鼓励发展节能与新能源汽车产品，对纯电动乘用车、插电式混合动力乘用车、燃料电池乘用车以及综合工况燃料消耗量达到一定要求的传统能源乘用车车型，在核算企业平均燃料消耗量实际值时，按GB27999中相关规定计算。

第十四条 企业平均燃料消耗量积分为企业平均燃料消耗量达标值与实际值的差额与该企业年度车型核算数量的积。实际值低于达标值产生的积分为正积分，高于达标值产生的积分为负积分。

第十五条 在中国境内前三年平均年产量或进口量少于2000辆，且生产、研发、运营保持独立性的小规模乘用车企业，给予适度宽松的企业平均燃料消耗量达标要求。

第十六条小规模乘用车企业需向工业和信息化部提交燃料消耗量改善计划报告（报告格式见附件一），报告应包括先进节能技术研发应用情况及计划、燃料消耗量年度下降目标等。

第十七条承诺2016-2020年企业平均燃料消耗量年均改善水平在8%以上的小规模乘用车企业，可给予与相关标准规定达标值的比值最高不超过160%的宽松达标要求；承诺2016-2020年企业平均燃料消耗量年均改善水平在6%以上的小规模企业，可给予与相关标准规定达标值的比值最高不超过130%的宽松达标要求。

第三章乘用车企业新能源汽车积分核算

第十八条原则上《车辆生产企业及产品公告》内每一个独立法人乘用车生产企业、每一个单独注册的进口汽车经销企业作为一个新能源汽车积分核算主体，对国产乘用车产品与进口乘用车产品分别实施核算。

第十九条企业年度生产或进口新能源乘用车的，将产生一定的新能源汽车积分。

第二十条企业新能源汽车积分实际值为企业在核算年度生产或进口的新能源乘用车车型分值与对应的生产或进口量乘积求和计算得出的积分总量。

第二十一条新能源乘用车车型分值根据新能源汽车产品的纯电动续驶里程等技术指标确定（新能源乘用车分值见附件二）。

第二十二条企业新能源汽车积分目标值为企业核算年度传统能源乘用车产量或进口量与新能源汽车积分比例目标要求的乘积，计算结果四舍五入圆整至整数位。

第二十三条对在中国境内传统能源乘用车年产量或进口量大于5万辆的乘用车企业，设定新能源汽车积分的年度比例要求。

2016和2017年度，对新能源汽车积分比例不做考核，2018至2020年，新能源汽车积分比例要求分别为8%、10%、12%。2020年以后的比例要求另行制定。

第二十四条新能源汽车积分实际值大于目标值的部分为新能源汽车正积分，反之为新能源汽车负积分。

第四章报告递交及公示

第二十五条每年12月20日前，各核算主体应根据年度达标要求向工业和信息化部递交下一年度企业平均燃料消耗量与新能源汽车积分预报告，预报告主要内容包括企业平均燃料消耗量预期值、预期目标值及新能源汽车积分预期值等。

第二十六条每年2月1日前，各核算主体应向工业和信息化部递交核算年度企业平均燃料消耗量与新能源汽车积分报告，主要内容包括：生产或进口的各车型数量、关键参数、综合工况燃料消耗量、综合工况电能消耗量和对应车型燃料消耗量目标值及核算主体的企业平均燃料消耗量目标值、实际值、新能源汽车积分等情况。（企业平均燃料消耗量与新能源汽车积分预报告、年度报告的格式见附件三）

第二十七条每年3月20日前，工业和信息化部对各核算主体报送的企业平均燃料消耗量与新能源汽车积分情况进行公示。各核算主体和社会各界对公示的企业平均燃料消耗量及新能源汽车积分情况有异议的，可在20个工作日内反馈。工业和信息化部需在接到异议后20个工作日内给予答复或处理。

第二十八条每年上半年，工业和信息化部会同有关部门对核算主体报送的数据、企业平均燃料消耗量及新能源汽车积分年度报告进行核查，并发布上一年度“乘用车企业平均燃料消耗量及新能源汽车积分核算情况报告”，包括生产/进口乘用车产品数量、新能源乘用车产品数量、企业平均燃料消耗量目标值、达标值、实际值、达标排名、燃料消耗量积分及新能源汽车积分等信息。

第五章 燃料消耗量积分和新能源汽车积分管理

第二十九条 燃料消耗量正积分允许结转和在关联企业间转让。新能源汽车正积分允许自由交易，不能结转。燃料消耗量负积分和新能源汽车负积分必须在报告发布年度内抵偿平衡，即上一年度产生的负积分本年度必须抵偿归零。

第三十条满足以下任一条件的视作关联企业：（一）相互间直接或间接持有一方股份达到25%或以上的国产企业；（二）直接或间接同为第三方国产企业所拥有或控制股份达到25%或以上的国产企业；（三）进口乘用车生产企业与其直接或间接持股超过25%的国产企业。燃料消耗量正积分结转后续年度需按一定的折扣，结转有效期不超过三年。

2016-2018核算年度存在的（包括产生和结转的）燃料消耗量正积分结转至下一年度的，按核算年度的80%计算；2019年及以后年度存在的燃料消耗量正积分结转时，按90%计算。

2013-2015核算年度，乘用车企业平均燃料消耗量实际值低于2015年6.9升/百公里国家目标值的，其正积分在有效期内可结转使用，结转额度按上一年度的80%计算。计算正积分时企业目标值按2015年国家目标值和企业目标值中较小者。

第三十一条接受转让的燃料消耗量正积分仅限企业当年度使用，不允许再次转让。

第三十二条燃料消耗量负积分抵偿归零方式如下：

（一）使用本企业结转的燃料消耗量正积分；

（二）使用本企业产生的新能源汽车正积分；

（三）使用接受转让获得的燃料消耗量正积分；

（四）向其他企业购买新能源汽车正积分；

抵偿方式允许组合使用。

第三十三条新能源汽车负积分抵偿归零方式为向其他企业购买新能源汽车正积分。

第三十四条购买的新能源汽车正积分仅限企业当年度使用，不允许再次出售。

第三十五条燃料消耗量负积分和新能源汽车负积分企业须自“乘用车企业平均燃料

消耗量及新能源积分核算情况报告”发布后的20个工作日内向工业和信息化部提交燃料消耗量负积分或新能源汽车负积分抵偿报告，选择购买新能源汽车正积分或获得燃料消耗量正积分转让的需附书面协议（书面协议格式见附件四）。没有按时提交燃料消耗量负积分或新能源汽车负积分抵偿报告的，按失信企业处理。

第三十六条工业和信息化部根据企业提交的书面协议对企业积分进行划转、变更，在积分信息平台上公布各乘用车企业年度产生的燃料消耗量积分和新能源汽车积分、积分交易、结转等情况。

第三十七条企业发生分拆、合并等变动并影响到积分结转、转让、交易、抵偿等处理的，应及时向工业和信息化部提交变更申请。

第六章监督管理

第三十八条工业和信息化部建立企业履行燃料消耗量和新能源汽车积分管理的信用承诺制度。企业对燃料消耗量情况等以规范格式（见附件五）向工业和信息化部递交信用承诺书。工业和信息化部将企业信用承诺书对外公示，与国家统一的信用信息共享交换平台实现有机对接和信息共享。将企业履行燃料消耗量和新能源汽车积分管理的信用承诺纳入企业信用记录，接受社会监督。

第三十九条建立企业履行燃料消耗量和新能源汽车积分管理失信企业“黑名单”制度。对不履行承诺内容的失信违规企业，将其列入“黑名单”并公开曝光，并在市场准入、享受财政补贴和税收优惠政策、货物通关等方面，对违规失信主体依法予以限制或禁入。

第四十条工业和信息化部会同相关部门建立汽车产品燃料消耗量和新能源汽车核查监管机制，对市场上销售的汽车产品的燃料消耗量和新能源汽车进行抽样检测，核查结果向社会公开发布。

第四十一条对违反本办法规定的行为，任何单位和个人有权向相关管理部门举报。有关部门接到举报后，应当及时调查、依法予以查处，并为举报人保密。

第七章法律责任

第四十二条对发现或被举报并经查实有下列情况之一的，将视情节严重，给予通报、按核查值计算年度企业平均燃料消耗量或新能源汽车积分、按失信企业处理的一种或多种处理方式。

（一）企业未按要求报送汽车燃料消耗量和新能源汽车数据的；

（二）企业报送的汽车燃料消耗量数据或新能源汽车参数与核查结果不符的；

（三）企业上报的产量/进口量与实际数量不符的；

（四）企业不按时或不按要求递交企业平均燃料消耗量与新能源汽车积分报告的；

（五）企业递交的企业平均燃料消耗量和新能源汽车积分年度报告与事实不符的；

（六）没有履行承诺的。

第四十三条对燃料消耗量负积分未抵偿企业，暂停受理综合工况燃料消耗量达不到GB 27999车型燃料消耗量目标值的新产品《车辆生产企业及产品公告》申报，暂停部分高油耗车型的生产，直至企业年度预期产生的油耗正积分可以平衡企业未抵偿的油耗负积分。

新能源汽车负积分未抵偿的企业，暂停部分高油耗车型的生产，直至下一年度传统能源乘用车产量较核算年度减少的数量不低于未抵偿负积分数量。

第八章 附则

第四十四条本办法所称年度是公历年，即每年1月1日至12月31日。其中，国产乘用车采用生产日期，生产日期以《机动车整车出厂合格证》上的制造日期为准；进口乘用车采用进口日期，进口日期以海关放行日期为准。

第四十五条本办法所涉及的标准均以国家发布的最新有效版本为准。

第四十六条2016-2017年，新能源汽车正积分可抵扣同等数量的燃料消耗量负积分。2018年及以后，一单位新能源汽车正积分抵扣燃料消耗量负积分的数量另行制定。

第四十七条本办法自起正式实施。凡与本办法不相符的有关规定，以本办法为准。

第四十八条本办法由工业和信息化部进行解释。

附件1小规模企业燃料消耗量改善计划报告（略）

附件2 2016-2020年新能源乘用车单车积分标准（略）

附件3 企业平均燃料消耗量和新能源汽车积分报告（略）

附件4 企业燃料消耗量积分转让/新能源汽车积分交易协议（略）

附件5 承诺书（略）

国家税务总局
关于实施违规开具机动车销售统一发票的机动车企业名单公示制度的公告

国家税务总局公告 2016 年第 63 号

为进一步加强税收管理，堵塞税收漏洞，根据《中华人民共和国税收征收管理法》及其实施细则、《中华人民共和国发票管理办法》及其实施细则、《中华人民共和国车辆购置税暂行条例》等法律法规规定，税务总局决定实施违规开具机动车销售统一发票的机动车企业名单公示制度。

一、税务总局不定期公示违规开具机动车销售统一发票的机动车企业名单（以下简称名单），名单信息可以在税务总局机关网站查询。机动车企业包括机动车生产企业和机动车经销企业。机动车企业有下列情形之一的，将被列入名单并向社会公告：

（一）未按实际销售机动车辆收取的全部价款和价外费用开具发票 2 次以上（含 2 次）或者情节严重的；

（二）销售同一辆机动车在违规低价开具机动车销售统一发票的同时，再开具其他增值税发票造成少缴车辆购置税 2 次以上（含 2 次）或者情节严重的；

（三）其他违反发票管理规定开具发票造成少缴车辆购置税 2 次以上（含 2 次）或者情节严重的。

二、税务机关对列入名单的机动车企业依法采取以下措施：

（一）列入重点监控对象，适时组织税收专项检查；

（二）加强日常风险管理，从严核实其报送的各种资料；

（三）机动车销售统一发票的供应实行交（验）旧供新、严格限量供应；

（四）税务机关根据实际情况，依法采取其他从严管理措施。

主管税务机关核实中发现机动车企业存在违规开票行为的，应责令其重新开具发票，并按照相关规定予以处理。

三、列入名单的机动车企业可在列入名单之日起 90 日后向主管税务机关提出从名单中撤除的申请。主管税务机关接到机动车企业申请，经核实在列入名单之日后未发现有违规开票情形的，逐级上报税务总局从名单中撤除并向社会公告。从名单中撤除后再次列入名单的机动车企业，自再次列入之日起满 365 日方可向主管税务机关申请从名单中撤除。

四、各级税务机关应充分利用信息化手段，建立高效联动的数据分析比对机制，加强对机动车企业的风险管理。市税务机关每年应不定期组织力量对本地区的机动车企业进行入户核查，核查比例不低于本地区机动车企业总数的 10%。

五、税务机关可以通过下列方式查实机动车企业是否存在本公告第一条规定的情形：

（一）根据本公告第四条规定查实的；

（二）在税收专项整治或者税收专案稽查中查实的；

（三）车辆购置税主管税务机关在日常征收工作中发现疑点并由机动车企业的主管税务机关查实的；

（四）根据举报查实的；

（五）根据其他情况查实的。

六、公告自 2016 年 11 月 1 日起施行。

特此公告。

国家税务总局

2016 年 9 月 27 日

中华人民共和国工业和信息化部
中华人民共和国国家发展和改革委员会
中华人民共和国商务部
中华人民共和国海关总署
国家质量监督检验检疫总局
公 告

2016 年 54 号

根据工业和信息化部、发展改革委、商务部、海关总署、质检总局《乘用车企业平均燃料消耗量核算办法》（工业和信息化部公告 2013 年第 15 号）要求，现将 2015 年度中国乘用车企业平均燃料消耗量情况（各企业生产/进口乘用车产品数量、企业平均燃料消耗量目标值、实际值、达标及排名等情况见附件）予以公告。

2015 年度中国关境内 117 家乘用车企业共生产/进口乘用车 2103.85 万辆（不含新能源乘用车和出口乘用车，以下同），乘用车行业平均整车整备质量为 1385 公斤，行业平均燃料消耗量实际值为 7.04 升/100 公里。其中，90 家国产乘用车生产企业累计生产乘用车 2008.47 万辆，平均整车整备质量为 1364 公斤，平均燃料消耗量实际值为 6.98 升/100 公里。27 家进口乘用车经销商进口乘用车 95.38 万辆，平均整车整备质量为 1826 公斤，平均燃料消耗量实际值为 8.33 升/100 公里。

2015 年我国生产新能源乘用车 20.64 万辆,如计入平均燃料消耗量核算，国产乘用车平均燃料消耗量为 6.65 升/100 公里。

附件：2015 年度中国乘用车企业平均燃料消耗量核算情况表

工业和信息化部

发展改革委

商务部

海关总署

质检总局

2016 年 10 年 16 日

附件

2015 年度中国乘用车企业平均燃料消耗量核算情况表

表一：国产乘用车企业平均燃料消耗量核算情况

企业名称	乘用车产量（辆）	平均整车整备质量（kg）	企业平均燃料消耗量（L/100km）			是否达标	实际值/达标值	排名
			目标值	2015 年达标值	2015 年实际值			
华晨宝马汽车有限公司	286,203	1673.12	8.66	8.66	6.95	是	80.25%	1
北京奔驰汽车有限公司	255,059	1705.93	8.75	8.75	7.09	是	81.03%	2
江西五十铃汽车有限公司	2,245	2063.22	9.95	9.95	8.08	是	81.21%	3
长安马自达汽车有限公司	166,925	1330.11	7.40	7.40	6.21	是	83.92%	4
南京汽车集团有限公司	221	2383.03	11.25	11.25	9.61	是	85.42%	5
广州汽车集团乘用车有限公司	186,833	1469.98	7.90	7.90	6.76	是	85.57%	6
比亚迪汽车有限公司	202,399	1274.47	7.12	7.12	6.10	是	85.67%	7
浙江吉利汽车有限公司	233,864	1313.18	7.20	7.20	6.20	是	86.11%	8
东风雷诺汽车有限公司	101	1468.91	8.02	8.02	6.92	是	86.28%	9
天津一汽丰田汽车有限公司	464,775	1251.46	7.05	7.05	6.14	是	87.09%	10
广汽丰田汽车有限公司	403,373	1450.70	7.86	7.86	6.86	是	87.28%	11
观致汽车有限公司	14,272	1407.90	7.57	7.57	6.61	是	87.32%	12
华晨汽车集团控股有限公司	62,889	1333.40	7.36	7.36	6.43	是	87.36%	13
一汽-大众汽车有限公司	1,622,013	1419.52	7.72	7.72	6.77	是	87.69%	14
长安标致雪铁龙汽车有限公司	22,533	1514.58	8.01	8.01	7.03	是	87.77%	15
合肥长安汽车有限公司	59,698	1022.75	6.07	6.07	5.35	是	88.14%	16
奇瑞捷豹路虎汽车有限公司	27,182	1864.35	9.30	9.30	8.20	是	88.17%	17
上汽大通汽车有限公司	14,172	2136.05	10.31	10.31	9.17	是	88.94%	18
重庆长安铃木汽车有限公司	121,786	1085.08	6.45	6.45	5.78	是	89.61%	19
广汽本田汽车有限公司	560,095	1312.44	7.34	7.34	6.59	是	89.78%	20
上汽通用东岳汽车有限公司	519,976	1390.00	7.53	7.53	6.80	是	90.31%	21
东风本田汽车有限公司	386,938	1426.22	7.68	7.68	6.99	是	91.02%	22
一汽海马汽车有限公司	63,689	1371.74	7.47	7.47	6.81	是	91.16%	23
长安福特汽车有限公司	864,350	1466.54	7.84	7.84	7.18	是	91.58%	24
广汽菲亚特克莱斯勒汽车有限公司	39,405	1536.91	8.13	8.13	7.47	是	91.88%	25
广东福迪汽车有限公司	4,861	1859.44	9.37	9.37	8.65	是	92.32%	26
上汽大众汽车有限公司	1,777,226	1310.32	7.30	7.30	6.75	是	92.47%	27
上海汽车集团股份有限公司	148,977	1367.85	7.48	7.48	6.92	是	92.51%	28
北京汽车股份有限公司	203,206	1235.71	6.99	6.99	6.51	是	93.13%	29

企业名称	乘用车产量（辆）	平均整车整备质量（kg）	企业平均燃料消耗量（L/100km）			是否达标	实际值/达标值	排名
			目标值	2015年达标值	2015年实际值			
江铃汽车股份有限公司	30,586	2021.10	9.89	9.89	9.22	是	93.23%	30
东风汽车有限公司	1,018,675	1306.31	7.32	7.32	6.86	是	93.72%	31
东南（福建）汽车工业有限公司	73,635	1316.31	7.28	7.28	6.84	是	93.96%	32
神龙汽车有限公司	694,220	1322.13	7.32	7.32	6.89	是	94.13%	33
浙江豪情汽车制造有限公司	302,866	1351.74	7.32	7.32	6.89	是	94.13%	34
奇瑞汽车股份有限公司	360,331	1309.32	7.20	7.20	6.78	是	94.17%	35
荣成华泰汽车有限公司	4,234	1532.00	7.98	7.98	7.56	是	94.74%	36
安徽江淮汽车股份有限公司	303,399	1347.80	7.43	7.43	7.05	是	94.89%	37
上汽通用汽车有限公司	762,686	1411.53	7.73	7.73	7.35	是	95.08%	38
重庆力帆乘用车有限公司	16,302	1226.31	6.88	6.88	6.57	是	95.49%	39
上汽通用五菱汽车股份有限公司	1,741,263	1242.10	7.17	7.17	6.86	是	95.68%	40
东风柳州汽车有限公司	242,696	1444.50	7.76	7.76	7.43	是	95.75%	41
北京现代汽车有限公司	1,051,335	1315.26	7.30	7.30	7.01	是	96.03%	42
东风悦达起亚汽车有限公司	615,157	1269.65	7.13	7.13	6.91	是	96.91%	43
潍柴（重庆）汽车有限公司	12,655	1237.52	7.06	7.06	6.85	是	97.03%	44
天津一汽夏利汽车股份有限公司	60,936	1065.26	6.41	6.41	6.22	是	97.04%	45
比亚迪汽车工业有限公司	105,996	1592.17	8.21	8.21	7.97	是	97.08%	46
重庆长安汽车股份有限公司	966,499	1297.14	7.22	7.22	7.01	是	97.09%	47
北汽银翔汽车有限公司	282,241	1332.94	7.42	7.42	7.21	是	97.17%	48
长城汽车股份有限公司	735,437	1494.42	7.88	7.88	7.67	是	97.34%	49
东风小康汽车有限公司	204,831	1202.12	7.12	7.12	6.95	是	97.61%	50
海马轿车有限公司	107,045	1316.24	7.26	7.26	7.10	是	97.80%	51
上汽通用（沈阳）北盛汽车有限公司	405,825	1458.87	7.71	7.71	7.58	是	98.31%	52
中国第一汽车集团公司	227,576	1446.19	7.83	7.83	7.71	是	98.47%	53
广汽三菱汽车有限公司	56,326	1421.26	7.56	7.56	7.45	是	98.54%	54
贵州航天成功汽车制造有限公司	572	1160.00	6.80	6.80	6.71	是	98.68%	55
四川一汽丰田汽车有限公司	139,359	1650.54	8.51	8.51	8.41	是	98.82%	56
北汽福田汽车股份有限公司	40,397	1665.04	8.76	8.76	8.66	是	98.86%	57
山西成功汽车制造有限公司	760	1166.36	6.80	6.80	6.75	是	99.26%	58
江西昌河铃木汽车有限责任公司	55,530	991.10	6.03	6.03	5.99	是	99.34%	59
湖南江南汽车制造有限公司	159,600	1462.60	7.80	7.80	7.76	是	99.49%	60
江西昌河汽车有限责任公司	28,689	1184.11	6.97	6.97	6.94	是	99.57%	61
一汽吉林汽车有限公司	25,816	1131.84	6.78	6.78	6.77	是	99.85%	62
东风汽车公司	102,663	1446.11	7.81	7.81	7.80	是	99.87%	63
北汽（广州）汽车有限公司	28,962	1564.99	8.30	8.30	8.30	是	100.00%	64
福建新龙马汽车股份有限公司	8,444	1200.33	6.91	6.91	6.91	是	100.00%	65
河北长安汽车有限公司	51,600	1348.64	7.54	7.54	7.54	是	100.00%	66

企业名称	乘用车产量（辆）	平均整车整备质量（kg）	企业平均燃料消耗量（L/100km）			是否达标	实际值/达标值	排名
			目标值	2015 年达标值	2015 年实际值			
四川野马汽车股份有限公司	25,508	1491.01	7.82	7.82	7.82	是	100.00%	67
东风裕隆汽车有限公司	60,062	1512.04	8.03	8.03	8.13	否	101.25%	68
重庆力帆汽车有限公司	15,901	1287.28	7.21	7.21	7.32	否	101.53%	69
广汽吉奥汽车有限公司	9,218	1303.09	7.20	7.20	7.34	否	101.94%	70
海马商务汽车有限公司	53	1195.00	6.80	6.80	7.00	否	102.94%	71
郑州日产汽车有限公司	38,393	1500.82	7.95	7.95	8.37	否	105.28%	72
安徽猎豹汽车有限公司	39,339	1683.33	8.60	8.60	9.09	否	105.70%	73
沈阳华晨金杯汽车有限公司	81,726	1504.05	8.10	8.10	8.58	否	105.93%	74
河北中兴汽车制造有限公司	8	1718.75	8.73	8.73	9.30	否	106.53%	75
陕西通家汽车股份有限公司	15	1178.00	6.80	6.80	7.39	否	108.68%	76
贵航青年莲花汽车有限公司	235	1225.57	6.90	6.90	7.52	否	108.99%	77
庆铃汽车股份有限公司	872	1747.90	8.66	8.66	9.53	否	110.05%	78
江铃控股有限公司	42,550	1722.51	8.92	8.92	9.87	否	110.65%	79
大庆沃尔沃汽车制造有限公司	1,139	2147.00	10.60	10.60	11.80	否	111.32%	80
浙江飞碟汽车制造有限公司	1,379	1282.23	6.90	6.90	7.80	否	113.04%	81
福建奔驰汽车工业有限公司	7,715	2197.77	10.63	10.63	12.18	否	114.58%	82
江苏九龙汽车制造有限公司	99	2050.00	10.10	10.10	11.70	否	115.84%	83
厦门金龙旅行车有限公司	1,877	1770.40	8.85	8.85	10.27	否	116.05%	84
厦门金龙联合汽车工业有限公司	7,338	1722.31	8.86	8.86	10.35	否	116.82%	85
河北红星汽车制造有限公司	70	875.00	5.80	5.80	6.80	否	117.24%	86
丹东黄海汽车有限责任公司	768	1736.71	8.70	8.70	10.36	否	119.08%	87
庆铃汽车（集团）有限公司	1,142	1632.77	8.10	8.10	10.20	否	125.93%	88
北京汽车集团有限公司	2,694	1830.00	8.90	8.90	11.30	否	126.97%	89
北京汽车制造厂有限公司	6,215	1607.77	8.20	8.20	10.47	否	127.68%	90

表二：进口乘用车企业平均燃料消耗量核算情况

企业名称	乘用车进口量（辆）	平均整车整备质量（kg）	企业平均燃料消耗量（L/100km）			是否达标	实际值/达标值	排名
			目标值	2015年达标值	2015年实际值			
沃尔沃汽车销售（上海）有限公司	14,280	1725.09	8.93	8.93	6.91	是	77.38%	1
宝马（中国）汽车贸易有限公司	173,825	1762.34	8.95	8.95	7.49	是	83.69%	2
丰田汽车（中国）投资有限公司	87,043	1727.34	8.87	8.87	7.51	是	84.67%	3
梅赛德斯-奔驰（中国）汽车销售有限公司	149,071	1831.50	9.29	9.29	7.92	是	85.25%	4
一汽进出口有限公司	45,631	1931.05	9.49	9.49	8.24	是	86.83%	5
神龙汽车有限公司	5,407	1442.30	7.80	7.80	6.91	是	88.59%	6
捷豹路虎汽车贸易（上海）有限公司	67,340	2228.78	10.55	10.55	9.62	是	91.18%	7
大众汽车（中国）销售有限公司	53,036	1773.68	8.95	8.95	8.31	是	92.85%	8
斯巴鲁汽车（中国）有限公司	39,938	1559.89	8.16	8.16	7.58	是	92.89%	9
保时捷（中国）汽车销售有限公司	54,864	1976.99	9.76	9.76	9.20	是	94.26%	10
福特汽车（中国）有限公司	42,291	1918.80	9.56	9.56	9.17	是	95.92%	11
双龙汽车（上海）有限公司	1,307	1368.54	7.43	7.43	7.17	是	96.50%	12
玛莎拉蒂（中国）汽车贸易有限公司	6,270	2004.48	10.08	10.08	9.74	是	96.63%	13
日产（中国）投资有限公司	13,856	1803.23	9.21	9.21	8.90	是	96.63%	14
雷诺（北京）汽车有限公司	23,626	1499.51	8.02	8.02	7.81	是	97.38%	15
现代汽车（中国）投资有限公司	35,033	1828.21	9.21	9.21	9.08	是	98.59%	16
三菱汽车销售（中国）有限公司	23,448	1641.44	8.48	8.48	8.44	是	99.53%	17
克莱斯勒（中国）汽车销售有限公司	84,817	1856.05	9.34	9.34	9.33	是	99.89%	18
马自达（中国）企业管理有限公司	1,002	1560.42	8.39	8.39	8.40	否	100.12%	19
本田技研工业（中国）投资有限公司	2,397	1675.33	8.70	8.70	9.00	否	103.45%	20
东风汽车有限公司	2,398	2080.32	10.11	10.11	10.66	否	105.44%	21
铃木（中国）投资有限公司	4,358	1155.45	6.69	6.69	7.45	否	111.36%	22
上汽通用汽车销售有限公司	21,789	1992.62	9.59	9.59	10.69	否	111.47%	23
北京路特斯汽车销售有限公司	51	1125.57	6.60	6.60	8.60	否	130.30%	24
法拉利汽车国际贸易（上海）有限公司	401	1671.99	8.77	8.77	11.47	否	130.79%	25
迈凯伦汽车销售（上海）有限公司	87	1520.74	8.16	8.16	11.70	否	143.38%	26
阿斯顿马丁拉共达（中国）汽车销售有限公司	234	1921.41	9.41	9.41	14.15	否	150.37%	27

注：1.按照GB27999，2015年企业达标值为目标值的100%；

2.企业平均燃料消耗量按车型对应产量/进口量加权计算得出。车型燃料消耗量须按照统一的检测方法GB/T 19233-2008《轻型汽车燃料消耗量试验方法》检测；

3.试验室检测燃料消耗量数据与实际燃料消耗量数据存在差异；

4.平均燃料消耗量核算不含新能源乘用车和出口乘用车。

附件

研究背景

得益于中国进口汽车市场二十多年的发展，国机汽车股份有限公司（前身中国进口汽车贸易有限公司）随之成长壮大。在此期间，国机汽车在此领域深耕细作，时刻关注进口汽车市场的变化和发展，形成具有行业权威的市场研究成果，包括月度、季度、年度进口汽车市场分析报告，政策研究、专题性分析与预测等。这些研究成果既能让行业了解进口汽车市场的真实情况，也能为有进口汽车业务的企业提供制定发展战略的参考。在这些研究成果中，国机汽车发布的季度报告和年度报告影响范围最广，特别是报告中对未来季度、年度性预测部分，已经成为行业和企业必读的重要内容。

为了进一步达成顺畅的行业交流，国机汽车还为行业、企业搭建沟通平台，举办“**中国进口汽车高层论坛**”。论坛每年举办一次，旨在服务于中国进口汽车市场，为国家政府部门、行业研究机构、全国汽车生产和销售企业、国际汽车厂商和品牌汽车经销商等业内外机构和个人，提供交流机会。自 2004 年以来，中国进口汽车高层论坛已成功举办十二届，论坛邀请到国家有关部委领导、国内外汽车厂家代表、汽车行业市场分析专家就中国宏观经济走势对汽车市场的影响，以及国内主要区域汽车市场现状等重要议题发表演讲。

研究方法

1、中国进口汽车市场数据库

中国进口汽车市场数据库（简称数据库 *http://insight.ctcai.com*）由国机汽车首家开发建设，是中国进口汽车市场最具有权威的信息数据库。

数据库的**“市场数据”**包括海关进口数据、进口及国产汽车市场销售数据、市场价格数据、车型数据、海外市场数据和经济数据等数据模块；**“市场信息”**包括每日资讯、政策动态、政策法规、产品动态、价格趋势、金融信息等信息模块。数据库具有数据权威、内容完整、功能齐全、更新及时、操作简便、使用灵活等特点。此外，市场数据按月更新、市场信息按日更新。目前，数据库的数据量达到了 500 万条，信息量达万余条。

数据库不仅涵盖了进口汽车及其相关市场的权威数据，还集成了权威性的进口汽车市场研究报告。研究报告实时收入了国机汽车和其他权威机构的市场研究产品。有助于业内外人士全面、系统、深入地了解进口汽车市场，促进行业内的沟通和交流，推动、引导进口汽车行业健康发展。

2、中国进口汽车市场 CATC 价格指数

中国进口汽车市场 CATC 价格指数(简称价格指数)由国机汽车通过问卷调研方式，统计、计算、分析形成的专有指数。其中调研对象为，中国进口汽车市场车型终端市场成交价格；调研城市为，北京、上海、广州和成都等四大进口汽车销售一线城市；调研品牌为，奥迪、宝马、奔驰、大众、丰田、雷克萨斯、路虎、起亚、三菱、斯巴鲁、现代等 12 个进口汽车主流品牌；调研车型为，12 个品牌的所有在售车型。在此基础上，通过统计学计算方式，运用两大指数体系——“终端优惠指数”和“交价格指数”，最终形成价格指数。

CATC终端优惠指数是反映中国进口车市场终端优惠幅度变化的综合指数体系

终端优惠指数计算过程示例：

车型终端成交价

级别	车型	排量	型号/版本	成交价（万）	MSRP（万）
中型	A1	2.5L	舒适版	31.78	32.28
			豪华版	31.45	31.67
		3.0L	豪华版	36.15	35.75
	A2	3.0L	技术版	31.5	32.20
			豪华版	31.82	32.72
紧凑型	B1	2.0L	进取版	19.55	20.35
			豪华版	20.35	21.45
		2.4L	豪华版	22.13	23.43
	B2	2.0L	运动版	23.72	25.72

根据细分匹配

车型细分上牌量

级别	车型	排量	车型细分销量（辆）	车型权重
中型	A1	2.5L	180	10%
		3.0L	150	8%
	A2	3.0L	430	24%
紧凑型	B1	2.0L	740	41%
		2.4L	150	8%
	B2	2.0L	130	7%

以车型占整体比重为权重

计算市场整体平均优惠幅度

级别	车型	排量	型号/版本	终端优惠（元）	平均优惠（元）
中型	A1	2.5L	舒适版	-5000	-3600
			豪华版	-2200	
		3.0L	豪华版	4000	4000
	A2	3.0L	技术版	-7000	-8000
			豪华版	-9000	
紧凑型	B1	2.0L	进取版	-8000	-8500
			豪华版	-11000	
		2.4L	豪华版	-13000	-13000
	B2	2.0L	运动版	-20000	-20000

终端优惠=终端成交价−MSRP
加权计算**市场整体平均优惠幅度**：−6300 元

与基期比较的市场整体优惠幅度：
−6300−(−3200)（**基期**）=−3100 元

优惠价格指数=（当月优惠−基期优惠）/基期平均成交价
设基期平均成交价为26万，则终端优惠指数为：
−3100 / 260000*100 = −0.12

3、中国进口汽车市场需求预测模型

中国进口汽车市场需求预测模型（简称预测模型）由国机汽车开发建立， 据历史数据、统计资料或相关的定性资料等，通过统计分析,应用统计模型，对未来市场的数量方面，或数量方面的未来前景所作的预测。

具体为，长期趋势线加季节因子的预测模型——以进口汽车**销售总量**（上牌量）为基础数据、以（工作日）**日均上牌量**为构建模型的数据，应用统计模型建立而成。其中，**销售总量**反映真正的市场需求；**日均上牌量**反映月度市场消费特点。同时，为了减少月度上牌量的波动，如“春节”因素，将每年 1 月和 2 月合并看作为一个月的数据。

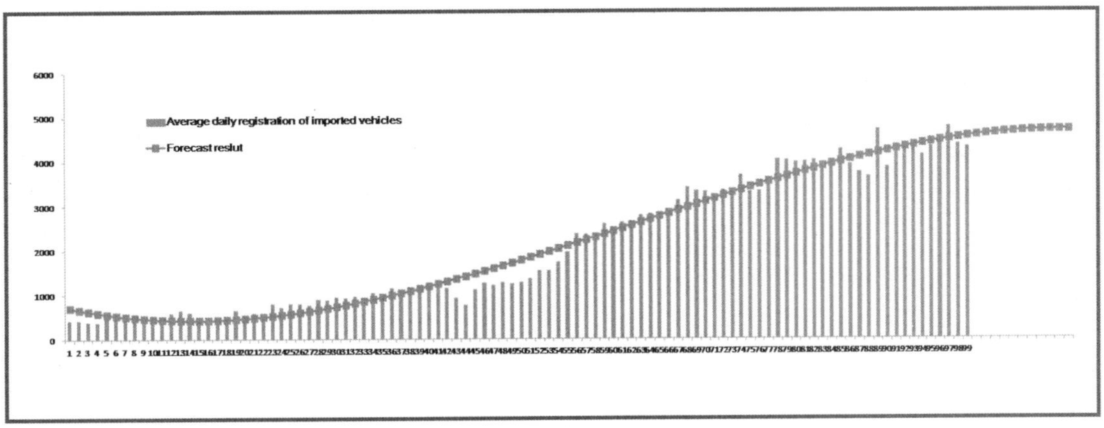

经过实际验证，自 2011 年以来，国机汽车通过该预测模型预测的下一年度市场总量均与实际市场发展情况均基本一致。

概念定义

1、车型

			ASTON MARTIN-DB	兰博基尼-GALLAARDO	法拉利-458 ITALIA	玛莎拉蒂-others
		超豪华	ASTON MARTIN-one-77	兰博基尼-OTHERS	法拉利-CALIFORNIA	玛莎拉蒂-QUATTROPORTE
			ASTON MARTIN-V8 Vantage	劳斯莱斯-GHOST	法拉利-FF	迈巴赫-MAYBACH
			宾利-CONTINENT	劳斯莱斯-PHANTOM	法拉利-FIORANO	世爵-C8
	大型		奥迪-A8	奔驰-S	保时捷-911	捷豹-XJL
			奥迪-R8	奔驰-SL	保时捷-CARRERA	凯迪拉克-XLR
		豪华	奥迪-S8	博速-奔驰S	保时捷-PANAMERA	雷克萨斯-LS
			宝马-6	大众-PHAETON	雪佛兰-CORVETTE	林肯-TOWNCAR
			宝马-7	捷豹-XJ		
		基础	双龙-CHAIRMAN	现代-EQUUS		
			宝马-5	捷豹-XF	奔驰-E	讴歌-RL
		豪华	保时捷-BOXSTER	捷豹-XK	林肯-MKZ	沃尔沃-S80
	中大型		保时捷-CAYMAN	雷克萨斯-GS	英菲尼迪-M	英菲尼迪-G
			奔驰-CLS			
		基础	福特-MUSTANG	现代-ROHENS	现代-AZERA	雪佛兰-CAMARO
			雷诺-LATITUDE			
CAR			奥迪-A4	奔驰-SLS	宝马-M	讴歌-TL
			奥迪-A5	凯迪拉克-CTS	宝马-Z4	萨博-9-3
		豪华	奥迪-S5	雷克萨斯-ES	奔驰-C	沃尔沃-C70
			奥迪-TTCOUPE	雷克萨斯-IS	奔驰-CLK	沃尔沃-S60
	中型		宝马-3	雷克萨斯-LF	奔驰-SLK	
			阿尔法罗密欧-ALFAROMEO	丰田-CAMRY	大众-MAGOTAN	起亚-CADENZA
			本田-ACCORD	丰田-ZELAS	大众-PASSAT	日产-370Z
		基础	标致-407	雷诺-LAGUNA	大众-R36	日产-GT-R
			大众-CC	铃木-KIZASHI	丰田-AVENSIS	日产-leaf
			斯巴鲁-LEGACY	雪铁龙-C5		
		豪华	奥迪-A3	奔驰-B	雷克萨斯-CT	沃尔沃-C30
			宝马-1	大众-NEWBEETLE		
	紧凑型		本田-CIVIC	雷诺-MEGANE	大众-SCIROCCO	起亚-SHUMA
			大众-EOS	马自达-MAZDA3	菲亚特-BRAVO	三菱-LANCER
		基础	大众-GOLF CROSS	马自达-MX-5	丰田-WISH	斯巴鲁-IMPREZA
			大众-GOLF R	欧宝-ASTRA	雷诺-FLUENCE	现代-Veloster
			雪佛兰-VOLT	雪铁龙-C4		
	小型	豪华	奔驰-A	奥迪-A1	迷你-MINI	斯玛特-SMART
		基础	标致-207CC	菲亚特-500		
	大型	豪华	奔驰-R			
		基础	丰田-ALPHARD	克莱斯勒-Town & Country		
MPV	中大型	基础	现代-H1			
	中型	豪华	奔驰-VIANO	丰田-SIENNA		
		基础	大众-MULTIVAN	起亚-VQ	丰田-PREVIA	日产-QUEST
	紧凑型	基础	雷诺-SCENIC	欧宝-ZAFIRA	马自达-MAZDA 5	起亚-CARENS

SUV	大型	豪华	奔驰-G	凯迪拉克-ESCALADE	悍马-H1	林肯-NAVIGATOR
			奔驰-GL	雷克萨斯-LX	悍马-H2	路虎-RANGEROVER
			博速-奔驰GL	林肯-MKT	悍马-PREDATOR	英菲尼迪-QX
		基础	别克-ENCLAVE	丰田-SEQUOIA	丰田-LANDCRUISER	雪佛兰-SUBURBAN
	中型	豪华	奥迪-Q7	雷克萨斯-GX	奔驰-ML	讴歌-MDX
			宝马-X5	雷克萨斯-RX	大众-TOUAREG	沃尔沃-XC90
			宝马-X6	林肯-MKX	悍马-H3	英菲尼迪-FX
			保时捷-CAYENNE	路虎-DISCOVERY	凯迪拉克-SRX	讴歌-RDX
		基础	GMC-TERRAIN	马自达-CX-7	丰田-PRADO	双龙-Rexton
			JEEP-GRANDCHEROKEE	起亚-BORREGO	丰田-VENZA	双龙-RX
			JEEP-WRANGLER	日产-MURANO	福特-EDGE	斯巴鲁-TRIBECA
			丰田-FJ CRUISER	日产-PATROL	福特-EXPLORER	现代-VERACRUZ
			丰田-FORTUNER	三菱-PAJERO	福特-FLEX	
	紧凑型	豪华	奥迪-Q5	路虎-EVOQUE	奔驰-GLK	沃尔沃-XC60
			宝马-X1	路虎-FREELANDER	路虎-DEFENDER	英菲尼迪-EX
			宝马-X3			
		基础	JEEP-COMPASS	欧宝-ANTARA	丰田-4-RUNNER	双龙-KORANDO
			JEEP-PATRIOT	起亚-SORENTO	福特-MAVERICK	双龙-KYRON
			大众-TIGUAN	三菱-ASX	雷诺-KOLEOS	斯巴鲁-FORESTER
			道奇-CALIBER	三菱-OUTLANDER	铃木-GRANDVITARA	斯巴鲁-OUTBACK
			道奇-JOURNEY	双龙-ACTYON	马自达-TRIBUTE	现代-SANTAFE
			雪佛兰-CAPTIVA			
	小型	豪华	迷你-COUNTRYMAN			
	微型	基础	铃木-JIMNY			

2、区域

级别					
一级	北京市	深圳市	杭州市	重庆市	天津市
	成都市	苏州市	上海市	广州市	
二级	保定市	青岛市	贵阳市	温州市	南京市
	长春市	泉州市	哈尔滨市	无锡市	南宁市
	长沙市	绍兴市	合肥市	武汉市	南通市
	常州市	沈阳市	济南市	西安市	宁波市
	崇左市	石家庄市	嘉兴市	厦门市	鄂尔多斯市
	大连市	台州市	金华市	烟台市	福州市
	东莞市	太原市	昆明市	郑州市	淄博市
	潍坊市	唐山市	临沂市		
三级	安阳市	商丘市	惠州市	镇江市	银川市
	鞍山市	泰安市	吉林市	中山市	榆林市
	包头市	泰州市	济宁市	株洲市	运城市
	滨州市	通辽市	江门市	珠海市	枣庄市
	沧州市	威海市	揭阳市	吕梁市	张家口市
	长治市	乌鲁木齐市	晋城市	洛阳市	邯郸市
	承德市	芜湖市	晋中市	绵阳市	菏泽市
	赤峰市	西宁市	来宾市	南昌市	衡水市
	大庆市	忻州市	兰州市	南阳市	呼和浩特市
	大同市	新乡市	廊坊市	平顶山市	湖州市
	德州市	邢台市	丽水市	齐齐哈尔市	日照市
	东营市	徐州市	聊城市	秦皇岛市	汕头市
	佛山市	许昌市	临汾市	曲靖市	龙岩市
	赣州市	盐城市	柳州市	扬州市	海口市

四级	阿坝州	双鸭山市	衡阳市	楚雄州	襄阳市
	阿克苏地区	朔州市	红河州	达州市	孝感市
	阿拉善盟	四平市	呼伦贝尔市	大理州	新余市
	阿勒泰地区	松原市	葫芦岛市	大兴安岭地区	信阳市
	阿里地区	宿迁市	怀化市	丹东市	兴安盟
	安康市	宿州市	淮安市	德宏州	宣城市
	安庆市	绥化市	淮北市	德阳市	雅安市
	安顺市	随州市	淮南市	迪庆州	延安市
	巴彦淖尔市	遂宁市	黄冈市	定西市	延边州
	巴中市	塔城地区	黄南州	鄂州市	阳江市
	巴州	天门市	黄山市	恩施州	阳泉市
	白城市	天水市	黄石市	防城港市	伊春市
	白山市	铁岭市	鸡西市	抚顺市	伊犁州
	白银市	通化市	吉安市	抚州市	宜宾市
	百色市	铜川市	济源市	阜新市	宜昌市
	蚌埠市	铜陵市	佳木斯市	阜阳市	宜春市
	宝鸡市	铜仁地区	嘉峪关市	甘南州	益阳市
	保山市	吐鲁番地区	焦作市	甘孜州	鹰潭市
	北海市	渭南市	金昌市	固原市	营口市
	本溪市	文山州	锦州市	广安市	永州市
	毕节地区	乌海市	荆门市	广元市	玉林市
	亳州市	乌兰察布市	荆州市	贵港市	玉树州
	博州	吴忠市	景德镇市	桂林市	玉溪市
	昌都地区	梧州市	九江市	果洛州	岳阳市
	昌吉州	武威市	酒泉市	哈密地区	云浮市
	常德市	西双版纳州	喀什地区	海北州	湛江市
	巢湖市	锡林郭勒盟	开封市	海东地区	张家界市
	朝阳市	仙桃市	克拉玛依市	海南省省直辖	张掖市
	潮州市	咸宁市	克州	海南州	漳州市
	郴州市	咸阳市	拉萨市	海西州	昭通市
	池州市	湘潭市	莱芜市	汉中市	肇庆市
	滁州市	湘西州	乐山市	和田地区	中卫市
	河池市	舟山市	七台河市	那曲地区	临沧市
	河源市	周口市	潜江市	南充市	临夏州
	贺州市	驻马店市	黔东南州	南平市	六安市
	鹤壁市	资阳市	黔南州	宁德市	六盘水市
	鹤岗市	自贡市	黔西南州	怒江州	陇南市
	黑河市	遵义市	钦州市	攀枝花市	娄底市
	上饶市	三亚市	清远市	盘锦市	泸州市
	韶关市	山南地区	庆阳市	平凉市	漯河市
	邵阳市	汕尾市	衢州市	萍乡市	马鞍山市
	神农架林区	商洛市	日喀则地区	莆田市	茂名市
	十堰市	石嘴山市	三门峡市	濮阳市	眉山市
	石河子市	三明市	连云港市	普洱市	梅州市
	丽江市	凉山州	辽阳市	辽源市	牡丹江市
	林芝地区	内江市			

法 律 声 明

本报告为国机汽车制作，报告中所有文字、图形、图片、表格均受到法律保护知识产权条例的版权保护。未经过本公司书面许可，任何机构、个人不得使用本报告作为商业目的之用。

本报告中相关市场预测主要为本公司研究员采用自身研发的数据模型，市场调研和行业交流后再研发所得。本报告只提供给客户作为市场参考资料，本公司对该报告的数据准确性不承担法律责任。

中国进口汽车数据库网址：http://insight.ctcai.com.cn

公司地址：北京市海淀区中关村南三街 6 号中科资源大厦北楼

报告咨询/购买请联系：

国机汽车股份有限公司　　市场营销部　郑晖

电话：010-82169190　　邮箱：zhenghui@ctcai.com